El Dios santo

JACKIE HILL PERRY

El Dios santo

CÓMO LA SANTIDAD DE DIOS NOS AYUDA A CONFIAR EN ÉL

PRÓLOGO *por* CHARLIE DATES

ESPAÑOL
NASHVILLE, TN

El Dios santo: Cómo la santidad de Dios nos ayuda
a confiar en Él

B&H Publishing Group
Nashville, TN 37234

Diseño de portada e ilustración: Matt Stevens

Director editorial: Giancarlo Montemayor
Coordinadora de proyectos: Cristina O'Shee

Clasificación Decimal Dewey: 231.4
Clasifíquese: ATRIBUTOS DE DIOS/FE/SANTIDAD

ISBN: 978-1-0877-4003-4

Impreso en EE. UU.
1 2 3 4 5 • 24 23 22 21

A mis hijas, Eden, Autum y Sage.

Esta obra no fue escrita para ustedes
sino alrededor de ustedes.
Mientras jugaban, yo estudiaba y meditaba
en la naturaleza de Dios. Mientras estaban en
la escuela o en sus habitaciones, yo escribía tanto
como podía. A veces, me interrumpían con el deseo
de decirme o mostrarme algo, y fuera lo que fuera,
pensaba: *Esto también es santo.* Hay una pureza
infantil en la forma en que me buscan
para la mayoría de las cosas.

Mi oración es que lo que está escrito a continuación
sea lo que me han visto obedecer, de manera que,
cuando tengan la edad suficiente para leer las palabras
de Mamá y entender al Dios santo que explican,
y si toman la decisión de ser como Mamá,
mi ejemplo las lleve a parecerse más a Dios.

Reconocimientos

Preston, Madre y Dana, gracias

Austin, Devin y Ashley, gracias

Padre, Hijo y Espíritu, gracias

Contenído

ix

Prólogo

LAS PERCEPCIONES PROFUNDAS SOBRE el carácter de Dios no vienen sin grandes pruebas. Pregúntale a Moisés. Se pasó la mayor parte de 40 años estigmatizado, hasta que se encontró con Dios junto a aquella zarza ardiente. Su vida en el páramo fue más un desierto personal y profesional, que una dirección en los confines de la desolación. Sin embargo, parte de la mejor revelación sobre Dios vino a expensas de su desierto personal.

Pregúntale a Rut. Una moabita despojada de su familia, en la condición marginada de la mujer del siglo VI, pero decidida a ver cómo se llevaría a cabo la providencia. Su historia y su linaje nos obsequian partes del misterio de Dios en el lienzo de su lucha.

Nadie experimenta revelación sin un gran costo. A veces, la tarifa es nuestra propia transgresión. Pregúntale a David. En algún momento entre Betsabé y Absalón, su vida se transformó en el estudio para las melodías celestiales.

Gran parte de la música piadosa que cantamos hoy se remonta a su trompeta de tribulación.

Pregúntale a Jackie. El libro que tienes en tus manos fue forjado a través del tiempo y las pruebas. Jackie pagó para escribirlo. A veces, su abatimiento se filtra a través de la tinta de estas páginas. Ninguno de nosotros llega a amar profundamente a Dios, a verlo con claridad, sin primero tener un despertar a nuestra depravación interior, lo cual puede llevarnos a una mayor apreciación de la santidad de Dios. Algunas de las mayores riquezas de los tesoros que encontró se esconden aquí a plena vista.

Toda era necesita su propio profeta de la santidad; una especie de invitación viva a maravillarse de la belleza de la santidad de Dios y de la santidad de Su belleza. Es esa última parte la cual se apodera de mí: la santidad de Su belleza. Nuestra cultura está cegada con imágenes de una majestad efímera. Nos decepcionamos con tanta facilidad. El resplandor del oro desde Wall Street hasta las avenidas principales vuelve a convocar a cada generación. Sephora y MAC hacen todo lo que pueden por esconder las manchas y las arrugas de nuestros rostros cansados. La fama y la influencia quieren adueñarse de nuestra devoción. Los seres humanos estamos en busca de una belleza que no palidece, solo para descubrir que sí falla.

Aunque necesitamos un profeta de la santidad, ahora no es el momento para un moralismo vacío e irrelevancias religiosas. Ninguna de estas cosas es suficiente para sostenernos o satisfacernos. Demasiados de nuestros sermones y libros, ya sean conservadores o liberales, no son más que manifiestos morales disfrazados de exégesis académicas. Nos cansamos rápido de los mandamientos fríos. Necesitamos una visión más grande de Dios, incluso si la ventana desde la cual lo vemos es pequeña.

Este libro es una visión amplia desde una ventana angosta. Sin embargo, quiero advertirte algo. El enigma complejo de la santidad de Dios es literalmente indescriptible. Nuestros mejores intentos son apenas imágenes antropomórficas, metáforas para descifrar el misterio. La verdad es que las palabras no alcanzan. A Dios hay que experimentarlo. Esa, amigo mío, es una propuesta temible. Pocas personas, desde Moisés hasta D. L. Moody, apenas si pudieron contener el gozo tremendo después de un encuentro tal. Así que, prepárate. Las palabras en estas páginas son como los peldaños de una escalera a una vista en la cual el tema es tan glorioso como el objeto. Le dije a Jackie que es una comunicadora habilidosa, pero me asombra que lo que escribe tenga una profundidad similar. Como apologista y especialista en lógica, argumenta a favor de nuestra fe más razonable. Le ha hecho un bien a su generación. Cuando A. W. Tozer escribió que «Dios está buscando hombres y mujeres en cuyas manos Su gloria esté segura», probablemente estaba pensando en una santa absorta como Jackie.

Leí este libro y me quedé con un deseo de más de Dios.

Me volqué a sus páginas con exclamación y aplausos.

No estaba listo para la dicha que me encontró. Aquí lo tienes. Léelo y llora de la alegría.

Dr. Charles Dates, pastor principal de Progressive Baptist Church y profesor afiliado en Trinity Evangelical Divinity School y el Seminario Teológico George W. Truett de Baylor

Introducción

TONI MORRISON DIJO UNA vez: «Si hay un libro que te gustaría leer, pero que todavía no se haya escrito, entonces debes escribirlo»[1]. Así que aquí estoy, escribiendo.

Entra a un seminario, examina algún pasillo, pregúntale a tu pastor o a un amigo cuál es su favorito, y todos tendrán un libro «sagrado» para ofrecerte. A esta altura, he leído muchísimos, y la forma de mi alma, la extensión de mi mente y esta obra que tienes en tus manos son la prueba. Honro a personas como G. E. Patterson, John Onwuchekwa, R. C. Sproul, A. W. Tozer, Stephen Charnock y David Wells por haberme ayudado a pensar acerca del tema. Dignifico a canciones cristianas como «*Nobody Greater*» [Nadie más grande], «*Nobody Like You, Lord*» [Nadie como tú, Señor] y «*Nobody Like Jesus*» [Nadie como Jesús] por agregarle melodía. Recuerdo a mi tía Merle, la primera

---

[1] Ellen Brown, «*Writing Is Third Career for Morrison*», *Cincinnati Enquirer*, 27 de septiembre de 1981.

1

mujer santa que conocí. Reconozco un halo cuando lo veo gracias a ella. Siempre lo lucía. A esa mujer con halo también la honro. Estas influencias han sido buenas para mí, pero incluso con su ayuda, todavía tenía preguntas sobre el tema santo que me presentaron.

No recuerdo el día en que me surgió el pensamiento, ni si mi café era helado o caliente. Lo que sé es que quería una respuesta para lo que pensé y lo que se me ocurrió: «Si Dios es santo, entonces no puede pecar. Si Dios no puede pecar, no puede pecar contra mí. Si no puede pecar contra mí, ¿eso no lo transformaría acaso en el ser más confiable que existe?».

Es probable que, antes de esto, haya pensado en algunas personas y en las razones por las cuales no puedo confiar *en ellas*. Las personas son increíblemente problemáticas, cuando menos. Nacen en este lugar con hostilidad e intenciones inconstantes y, por supuesto, ninguna de ellas (me incluyo) fue creada para esto. Dios nos hizo a Su imagen. Para existir en el mundo de tal manera que cuando nos observe, cualquiera pueda imaginar acertadamente a Dios. Pero cuando añadimos a un demonio inquisitivo, una mujer engañada, la mordida prohibida de un hombre y la ley de Dios rota debido a esto, no nos queda un bien original. Tenemos la herencia generacional de todo lo impuro que hace que todos no se parezcan a Dios. El mismo

INTRODUCCIÓN

impulso que levantó la mano de Adán y demandó el clamor de la sangre de su propio hermano se encuentra en toda persona viva. Creo que esta es la raíz de todas las razones por las cuales no confío en las personas. Sabemos que, si una persona es pecadora, entonces las malas conductas siempre son una posibilidad, y Dios nos libre de acercarnos demasiado y terminar siendo un Abel más. Desconfiamos como una manera de protegernos (a veces, con sabiduría) de la mano elevada del otro y el clamor de nuestra propia sangre. Ya sea que el asesinato sea verbal, emocional o físico, nos guardamos de la posibilidad de los tres, porque hemos visto nuestra propia naturaleza pecaminosa y experimentado suficientes pecados contra nosotros como para saber que los pecadores no son dignos de confianza.

Pero ¿qué me dices de Dios? ¿Es tan negligente como todos los demás? ¿Tiene el potencial de ser tan malo como nosotros? ¿Como Caín y su padre, el primer pecador? De lo contrario, ¿por qué lo tratamos como a todos los demás? ¿No será que hemos confundido al Segundo Adán con el primero, y lo hemos considerado una «mejor» versión de nosotros mismos? ¿No será que pensamos que Su bondad, por más maravillosa que sea, no es consistente? ¿O que Sus mandamientos son verdad solo cuando no duelen? ¿Será que cuando Su instrucción te cuesta un ojo de la cara, o la vida, entonces Él debe

3

estar mintiendo? A lo que intento llegar es a que, en lo profundo de nuestra incredulidad, acecha el pensamiento de que Dios no es santo. Uno de los objetivos de esta obra es probar que «si» no va nunca antes de «Dios es santo». Como lo es, tal como demostrarán los siguientes capítulos, es posible confiar en Él, y deberíamos hacerlo.

Según el escritor de Hebreos, sin fe, es imposible agradar a Dios (Heb. 11:6). Así que la fe siempre debe ser parte de la conversación sobre cómo interactuar con Él. Sin ella, somos condenados. Con ella, movemos montañas. Sin ella, somos un mar inestable, con dos mentes en un solo cuerpo. Con ella, somos una casa edificada sobre una roca. Cuando los vientos arrecian contra la estructura, esta casa (o debería decir, *nosotros*) no se derrumbará. Tiene sentido que, entre todas las cosas que podría atacar, lo que más busca la serpiente es tirar abajo nuestra fe. Al recorrer las Escrituras, veremos al Dios santo tal como es, para que podamos poner nuestra fe en Él tal como se nos ha revelado. En este caso, la fe no es opcional. Tenemos que confiar en Dios como si nuestra vida dependiera de ello, porque lo hace.

A partir de esta fe en Dios, crece fruto. La santidad aparece en nosotros, haciéndonos dignos de confianza, sinceros, con dominio propio, dóciles, sabios, puros y más. Por más evidente que parezca, nuestros propios esfuerzos por alcanzar la santificación no siempre se estructuran de esta manera: que la fe en Cristo y todo lo que ha revelado sobre Dios preceden a la santidad. El llamado a una vida santa ha presentado comúnmente la aversión de Dios por el pecado como el principal incentivo para la pureza, en lugar de exaltar al mismo Dios como la razón. Fui criada bajo esa técnica. El predicador se paraba erguido detrás del púlpito para decirme la verdad. Que sin santidad, ningún hombre vería al Señor. Que como pecadora, Dios haría conmigo lo mismo que hizo con Sodoma, lo cual nos llevó a mí y a todo el grupo de jóvenes a una pseudosantidad inducida por temor.

El problema evidente tiene dos aspectos: No se me proporcionó una visión del Dios santo que explicara Su valor infinito, y se me negó el gozo de lo que sucede cuando Dios mismo es el incentivo para el arrepentimiento. Tampoco se me entregó una pala y se me animó a cavar debajo de mis pecados para ver qué había, para darme un contexto y saber por qué pecaba como pecaba.

El suelo en el cual crece todo pecado es la incredulidad. Pecamos porque esa es nuestra naturaleza, pero no siempre pecamos de forma accidental, como si fuéramos robots corruptos y sin la capacidad de comportarnos con cordura. Somos deliberados en nuestra rebelión. En nuestro interior, hay un grado de razonamiento cuando decidimos a qué becerro de oro amaremos determinado día. Dicho esto, el fundamento de nuestra idolatría, el pecado que engendra todos los demás pecados, es una creencia específica sobre Dios. Nuestra ética sexual perversa, la lengua indómita, la superioridad religiosa, los pensamientos oscuros, la postura legalista, las costumbres maliciosas, la impaciencia, los caprichos ambiciosos, la arrogancia intelectual y las tendencias rebeldes surgen de lo que creemos sobre el Dios vivo. No me refiero a la tentación de cometer estas cosas, sino a la práctica. Somos culpables de una o todas las anteriores cuando tomamos la decisión de no creer, confiar, reconocer o depender de aquello que Dios nos ha revelado sobre sí mismo de alguna manera.

Tomemos al joven rico, por ejemplo, que se acerca a Jesús con una pregunta necesaria: «¿qué debo hacer para heredar la vida eterna?» (Mar. 10:17-22; Mat. 19:16-22; Luc. 18:18-23) Hay algo admirable sobre este rico sin nombre, en el sentido de que quería saber cómo vivir para siempre, pero fíjate cómo se dirigió a Aquel que lo sabía. Llama a Jesús «Maestro bueno». Ignorando el «Maestro», Jesús indaga en su aplicación superficial de «bueno». «¿Por qué me llamas bueno? [...] Nadie es bueno sino solo Dios». La repercusión es evidente. El rico tiene una pregunta para un maestro al que considera bueno pero no Dios. Esta convicción es tan auténtica para el rico que le habla con sinceridad al Dios encarnado, el único que es bueno, cuando dice que ha cumplido Su ley, como si quisiera decir que él también es *bueno*. Lo que piensa de Jesús impulsa su autopercepción, lo cual prepara la escena para su negativa a vender todo lo que tiene de manera que Jesús pueda ser su máximo tesoro. Si Jesús es tan solo bueno pero no es Dios, entonces el mandamiento a seguirlo es opcional. No solo eso; si Jesús es bueno pero no es Dios, entonces, estrictamente hablando, no es *mejor* que todo lo que le sobraba al rico. ¿Para qué dejar cosas buenas por un hombre inteligente, a menos que la verdad sea que este hombre también es Dios, y por lo tanto, mejor que todo lo bueno que existe? Elegir tal verdad significaría que entregarse implica intercambiar cisternas rotas por agua viva, el destino de los bienaventurados que tienen hambre y sed, que serán saciados porque creyeron lo que Dios dijo sobre sí mismo (Sal. 107:9; Jer. 2:13; Mat. 5:6). ¿Te das cuenta de que, tal como en el caso del joven rico, lo que creemos sobre Dios determinará nuestra conducta?

Si ese es el caso, sospecho que muchos de los métodos y mensajes relacionados con la santidad pueden en realidad estar alentando a lo contrario, llevando a una moralidad cultivada en la tierra, en lugar de a una justicia enviada desde el cielo. Siempre y cuando la santidad se prescriba de una forma que no suponga abordar los sistemas de creencias subyacentes que conducen al pecado, es posible que dejemos caer la pelota. Digamos que una persona decidió ir a la iglesia de alguien, sentarse en el banco y cantar las canciones, y después, hay un sermón sobre la santidad. Allí, escucha cosas como: «Toma tu cruz y muere cada día». O «No se puede servir a Dios y a las riquezas». ¿De qué le sirve esto al oyente si cree que Dios es un mentiroso? La persona que oye desobedece porque no cree que Jesús tenga vida en sí mismo, una vida real, mejor que cualquier vida superficial que el mundo ofrezca. Si esto no sale a la superficie, ¿confiará acaso en Su llamado a morir o imaginará que la vida está bien sin Él? ¿Qué sucede si no se habla del valor supremo de Dios, de cómo Él, al ser Dios, es mejor que todo lo que existe? Sin eso, ¿qué incentivo hay para eliminar a un amo menor a cambio de otro bueno? ¿Qué motivación hay para creer que Dios es más fiel que sus ingresos? Hemos llegado a la conclusión de que, para ayudar a las personas a ser santas, simplemente hay que decirles que «dejen de pecar», cuando en realidad, una transformación verdadera es una consecuencia espiritual de «[contemplar...] la gloria del Señor» (2 Cor. 3:18, LBLA).

Para eso estamos aquí, para contemplar. Para poner la mirada en un amor más alto. Para ver a Aquel del cual Adán se escondió, a quien los salmistas cantaban y del cual hablaban los profetas, Aquel con quien los discípulos caminaban y que Jesús dio a conocer. Soy consciente de que «santo» es una palabra con mucho bagaje. Cuando decimos esta palabra, nos imaginamos el aburrimiento encarnado. Una mujer que no sonríe. Un hombre tenso que parece que nunca en su vida amó nada. Debido a nuestra experiencia con lo religioso y con cómo la religión hace que algunas personas sean más malas que la peste, tal vez pensemos que eso es la santidad. Alguien distante, frío y conocedor de las Escrituras pero que ignora el corazón. Ya sea triste o insensible, ninguna de estas cosas describe a Dios.

La santidad de Dios es esencial para Su naturaleza y fundamental para Su ser. Su santidad es lo que hace que sea bueno, amoroso, bondadoso y fiel. Sin santidad, Dios no sería hermoso, así que debido a ella, Él es eternamente atractivo. Piensa cómo sería si no hubiera santidad en Él, y tal vez entiendas lo que estoy diciendo. Si fuera soberano pero malvado, sin una justicia inherente que refrenara Su mano, no me sorprendería si el mundo ya no existiera. Si tuviera todo el poder pero sin amor, nuestra negativa de responder a ese amor terminaría en un abuso cósmico, o quizás en un millón de diluvios más, sin ningún arcoíris que prometiera alivio. Si no hubiera santidad en Dios, ¿qué significaría la salvación? ¿Qué significa ser liberado por un «salvador» egoísta? Felizmente, nuestro Dios es incomprensiblemente santo y, por ende, completamente hermoso en todos Sus caminos y Sus obras. Por eso se nos invita a adorarlo como tal, y al hacerlo, nos volvemos tan hermosos como Él.

Lo que viene después de esto es sencillo. Escribo lo que he querido leer. Las palabras que explican la belleza de Dios en Su santidad ya fueron escritas para nosotros a través de las palabras inspiradas de la Escritura, así que debes saber que no diré nada nuevo. Tan solo estoy siendo fiel a lo que creo que la Escritura ha descrito y sobre lo cual no escucho demasiado. Así que, si hay algo que deseo que esta obra haga es mostrarte a Dios. No hay nadie más grande. Nadie mejor. Nadie digno de todo nuestro ser, y creo que, a medida que lo veas como es, también querrás ser igual a Él.

Santo.

Capítulo 1

Santo, santo, santo

IMAGINA SI FUERAS UN israelita. Egipto y sus dioses son recuerdos recientes. Hay 50 días entre tú y el mar que se abrió a la mitad para que pudieras atravesarlo sobre tierra seca. Ahora, en el desierto, te dicen que dentro de tres días, te encontrarás con Dios. ¿Dios? Sí, Dios. Nunca has visto Su rostro, pero imaginas cómo será cuando recuerdas lo que ha hecho. Recuerdas el día en que el agua se volvió roja y el río se desangró. Cuando todo el polvo debajo de tus pies empezó a reptar. Cuando una mañana, el viento sopló y trajo una nube de langostas tan grande que cubrió el sol, ennegreciendo todo y comiendo todo lo verde a su paso. La última noche, en medio de esta situación, escuchaste algo que parecía una tristeza comunitaria. Recuerdas el miedo que tenías de que la angustia que se escuchaba a poca distancia se dirigiera a tu hogar... ¿un dolor ambulante? Desesperado por saber si la sangre sobre tu puerta evitaría que tu primogénito sufriera una muerte soberana, colocaste tu rostro cerca hasta sentir que respiraba. La sangre había funcionado.

Ahora, llegó el día en que tú y el resto de Israel conocerán a Dios. Es de mañana y estás en tu tienda, mirando cómo las sombras van creciendo a tu alrededor. El sol no brilla tanto como otros días, y te preguntas por qué. Mientras conversas con tu propia curiosidad, algo que suena como truenos llega al lugar donde estás. No estás seguro de si es al mismo tiempo o no, pero un segundo después del ruido, hay relámpagos por todas las nubes, como un confeti eléctrico. No hay lluvia que acompañe, pero se escucha una trompeta que nadie sabe quién toca, pero que es lo suficientemente fuerte como para que tú y todo Israel sepan que el músico no es humano. Te tiemblan las manos. El corazón se te acelera. Miras a tu primogénito y recuerdas respirar.

Ahora, están al pie de la montaña. Lo suficientemente cerca como para ver que está envuelta en humo. Lo suficientemente lejos como para permanecer con vida. Avanzas con la mirada, más allá de la parte inferior de la montaña y las partes encendidas hasta la cima, donde hay humo que sale de la boca de la montaña y se eleva hacia las nubes: el mismísimo lugar donde seguramente está el trompetista invisible. Claramente desconforme con el volumen inicial de su instrumento, el trompetista aumenta y aumenta la intensidad del sonido. Mientras suena, lo entiendes. Te das cuenta de que fuiste librado del faraón en Egipto para poder encontrarte con el Rey en el desierto. Estás empezando a reconocer la diferencia entre este Dios y los demás. Que, a diferencia de ellos, la creación hace la voluntad de este Dios, y no al revés. Este Dios parece estar por encima de todo y de todos. Es distinto de los dioses de Egipto, productos de la imaginación. Esos dioses se parecían a sus fabricantes, porque ellos también habían sido *hechos*. Ellos también eran inmorales, y esperaban de Egipto una justicia fácil de alcanzar para cualquier hijo de Eva. Este Dios no espera nada menos que una obediencia reverente de tu parte y de todo lo demás, y lo sabes. Las plagas están en tu subconsciente, como un recordatorio de la clase de Rey que estás a punto de conocer. Uno que puede usar ríos e insectos, reptiles y la naturaleza misma en tu contra. Al igual que tus manos, la montaña tiembla. Al igual que tu corazón, no puede aquietarse porque ahora, por fin, en medio de los truenos, del cielo encendido y el toque de trompeta, Dios desciende de la montaña en fuego. Si antes no estabas seguro, ahora lo sabes; este Dios, este Rey, es santo.

Ustedes no se han acercado a una montaña que se pueda tocar o que esté ardiendo en fuego; ni a oscuridad, tinieblas y tormenta; ni a sonido de trompeta, ni a tal clamor de palabras que quienes lo oyeron suplicaron que no se les hablara más [...]. Tan terrible era este espectáculo que Moisés dijo: «Estoy temblando de miedo». [...] Por el contrario, ustedes se han acercado al monte Sión, a la Jerusalén celestial, la ciudad del Dios viviente. [...] Así que nosotros, que estamos recibiendo un reino inconmovible, seamos agradecidos. Inspirados por esta gratitud, adoremos a Dios como a él le agrada, con temor reverente, porque nuestro «Dios es fuego consumidor». (Heb. 12:18-19, 21-22, 28-29)

Dios es santo

Israel vio con sus propios ojos lo que nosotros hemos llegado a conocer por la fe, que Dios es santo. Decir que Dios es santo es decir que Dios es Dios. Todos Sus caminos, tal como Su pureza moral y cómo esto lo separa de todo lo que es perverso, falso, anárquico e injusto surgen de Su mismo ser. Nadie le dijo ni le enseñó a Dios cómo ser bueno; esa es sencillamente Su naturaleza, y no puede ser de otra manera. Tal como lo expresa Stephen Charnock: «Dios es bueno de la misma manera en que es Dios; y por lo tanto, bueno en sí mismo y de sí mismo, no por la participación de otro»[1]. Su misma naturaleza es ser justo, correcto, de acuerdo con un estándar establecido de moralidad, donde el estándar es Él mismo. Somos buenos solo en la medida que nos parecemos a Dios, así que cualquier intento de ser santo es un intento de ser como Dios. Dicho de manera sencilla, ambas cosas son inseparables, la santidad y el ser de Dios.

A veces, nuestras conversaciones respecto a la santidad de Dios dan a entender que la santidad es una *parte* o un *aspecto* de Dios. Que Dios se mueve entre atributos, según decide cómo ser. Que un día, decide ser amoroso. Otro, decide ser vengativo. Si Dios fuera un pastel de manzana, la santidad sería un pedazo separado de los demás. En un plato, está la santidad; en otro, está el amor. Sin embargo, la santidad no es un aspecto de Dios; santo es lo que Él es, completamente. Sus atributos nunca están en conflicto unos con otros, ni cambian de lugar según el humor de Dios; son *Él*. «Dios *es* Sus atributos. Eso significa que todo lo que hay en Dios sencillamente es Dios»[2]. Cuando Dios ama, ese amor es santo. Cuando Dios se revela como juez, derramando Su copa sobre los que la

---

[1] Stephen Charnock, *Discourses upon the Existence and Attributes of God*, volúmenes 1–2 (Nueva York: Robert Carter & Brothers, 1874), 221.

[2] Ensayo de Matthew Barrett, *«Divine Simplicity»*, https://www.thegospelcoalition.org/essay/divine-simplicity/.

merecen, no ha dejado de amar ni de ser santo. En todo lo que es y lo que hace, siempre es Él mismo.

Incluso ahora, espero que estés empezando a ver la gloria de Dios. No me refiero a algo hipotético. Como la santidad es esencial para Dios, y resplandece a través de todo lo que es y lo que hace, esto significa que nunca hubo ni habrá un momento en el que Dios no sea Dios. Para expresarlo de otra manera, nunca llegará el día en que Dios deje de ser santo; si eso fuera posible, sería el día en que Dios dejara de ser Dios. Saber esto como una verdad absoluta e inamovible tiñe todo lo que entendemos sobre los caminos y las obras de Dios.

La santidad revelada en la creación

En la creación, Dios fue santo. El hombre fue hecho para reflejar Su justicia, y Dios consideró que todas las demás cosas, como el cielo, la tierra debajo y los animales, eran buenas. Cuando Él aplica esa palabra a algo, dice la verdad, porque si hay alguien que sepa cómo usarla correctamente, es Él. El joven rico usó «bueno» cuando le habló a Jesús, frente a lo cual Jesús preguntó *por qué*. ¿Por qué llamarlo bueno si solo Dios es bueno? Esto no implicaba negar a Aquel cuya divinidad estaba velada. Implicaba afirmar que la atribución de algo bueno a Jesús era decir la verdad sobre quién era en realidad. Si es bueno, entonces es Dios. Si es Dios, entonces es bueno. Un Dios bueno hace cosas buenas. ¿Bueno? Siempre.

La santidad revelada en la caída

Después de que los primeros dos pisaron terreno impuro, llegó todo lo malo. Junto con el pecado, vino el juicio. Como Juez, Dios sigue siendo santo. Algunos seres finitos parecen no poder reconciliar esto, que el juicio es algo *bueno (santo)*. Yo no soy omnisciente en ningún sentido. Soy completamente ciega a las motivaciones que los llevan a inventar lo que debería o no debería ser cierto sobre el Santo, pero si tuviera que adivinar, diría que su falta de aplauso ante la justicia de Dios viene de su deseo de que Él sea como ellos: injusto. «Es sumamente común que los hombres se imaginen a Dios no como es, sino como ellos lo quieren; despojado de toda Su excelencia en favor de su propia seguridad».[3] Si lograran lo que quieren, los culpables irían por la vida sin castigo, libres de juicio, mientras el martillo de juez de Dios permanece quieto. El problema es el siguiente: desear que Dios retenga la justicia es desear que Dios se transforme en una abominación. «Absolver al culpable y condenar al inocente son dos cosas que el Señor aborrece» (Prov. 17:15). Esto implicaría que se volviera un

---

[3] Charnock, *Discourses upon the Existence and Attributes of God*, 172.

ser abominable y detestable, más parecido a Satanás que a Él. Es algo imposible de pedir y prácticamente blasfemo, así que Dios seguirá siendo como es. Santo y, por ende, justo. «Pero el Señor Todopoderoso será exaltado en justicia, el Dios santo se mostrará santo en rectitud» (Isa. 5:16).

La santidad revelada en la redención

En la redención de las almas, Dios es santo. Por Su justicia, el Señor dio una ley. Al principio, tenía que ver con no comer. Si la obedecían con fe en la pureza y el valor del que la había dado, los dos inadaptados del jardín continuarían en Su amor. Pero al rechazarla, su naturaleza se transmitió de generación en generación. Una naturaleza que ama más las tinieblas que al Hijo. Nacido igual que sus antepasados, a Israel se le proporcionó una ley escrita. Una serie de mandamientos, de hecho, buenos, que reflejaban a Dios en su insistencia de hacer lo correcto para con Dios y los demás. Por supuesto, ninguno de ellos consideraba esta conducta algo bueno. ¿Quién *quiere* amar a Dios por encima de todas las cosas cuando hay tantas alternativas deficientes en las cuales poner nuestros afectos? Los dioses que coleccionaban eran incompletos. Se parecían a cisternas rotas, que derramaban agua por todas partes. Estos dioses inferiores no podían hacer pleno a nadie que confiara en ellos; tampoco podían trascender su naturaleza creada si se les pedía que liberaran. Sin embargo, Israel seguía amando a sus ídolos, y nosotros hacemos lo mismo.

Entonces, como se espera de Dios, el juicio debe caer sobre las cabezas de aquellos que pronuncian un indeciso: «sí, Señor». Su justicia no permite que el culpable quede sin castigo. Es cosa temible caer en manos del Dios vivo, hasta que creemos en Aquel que lo hizo en nuestro lugar. La cruz revela la santidad de Dios en cómo el Hijo sin pecado fue juzgado a favor de las personas pecaminosas de manera que, cuando Dios justifica al culpable, lo hace sin comprometer Su justicia. Entonces, el Espíritu Santo es enviado para llenarnos y santificarnos como un medio de restaurar nuestro parecido divino, ayudándonos a usar la ropa adecuada y dos buenos zapatos, y así nos ponemos «el ropaje de la nueva naturaleza, creada a imagen de Dios, en verdadera justicia y santidad» (Ef. 4:24). Desde el comienzo, en la creación, en nuestra redención y en la final glorificación, la santidad de Dios se revela.

Santo, santo, santo

Para profundizar en lo que la Escritura quiere decir cuando testifica que Dios es santo, miremos detenidamente la visión que tuvo Isaías de Él. En el sexto capítulo del libro que lleva el nombre del profeta, está escrita la canción de los serafines. Respecto a Dios, se dicen unos a otros:

«Santo, santo, santo es el Señor Todopoderoso; toda la tierra está llena de su gloria» (v. 3). Observa qué palabra se repite tres veces. No es «amor, amor, amor», ni «bueno, bueno, bueno» sino «santo, santo, santo».

¿Por qué es importante esto? Bueno, en el idioma y la literatura hebreos, el uso de la repetición era una práctica común. Jesús la usaba a menudo al principio de Sus lecciones, con las palabras: «De cierto, de cierto». Con esto, Sus oyentes sabían que lo que venía a continuación era significativo y veraz. Rara vez, en la Escritura, se ve este recurso literario usado de manera triple; jamás se lo ve utilizado de esta manera para abordar un atributo de Dios excepto aquí en Isaías y en Apocalipsis 4:8 («Santo, santo, santo es el Señor Dios Todopoderoso»). Con los tres «santos», los serafines están enfatizando la santidad absoluta, inalterable, esencial y total de Dios.

Decir que Dios es santo, santo, santo es decir que Dios es *supremamente* Dios. Es totalmente santo. Completamente santo. Inalterablemente santo. Absolutamente santo. Si necesitas más palabras para describir esta naturaleza enfática de la santidad de Dios, el diccionario de sinónimos ofrece estas palabras para *supremo: superior, sumo, máximo, culminante*. Así que, la santidad de Dios es increíble. Lo máximo de lo santo. Él es santo a la máxima potencia. El Señor es santo más allá de toda comparación, porque Su santidad no deriva de ninguna otra fuente. Su santidad es intrínseca a Su naturaleza divina. Es tan esencial para Él como la dependencia de criatura lo es para nosotros. De todas la canciones que podían cantarse, de todos los atributos divinos para alabar a Dios, Isaías vio a los serafines entonar una melodía sobre la santidad suprema de Dios.

Al igual que los árboles, las palabras tienen raíces. Excava por debajo del suelo de las letras, y descubrirás su definición. La raíz de «santo» significa «cortar» o «separar». Cuando se aplica a todo lo que es externo a Dios, lo que es santo es lo que está apartado para Dios. Por ejemplo, Dios santificó el día de reposo, apartándolo de los demás días como uno en el cual Su pueblo debía descansar en Él. Por eso, al día de reposo se lo considera santo en todo el Antiguo Testamento. Dios lo separó, lo apartó. En otro ejemplo, al suelo sobre el cual estaba parado Moisés se lo llamó santo, no porque la tierra fuera divina, sino porque la presencia del Santo lo santificaba, apartándolo de todo otro tipo de suelo (Ex. 3:5).

Hay un sermón del gran Tony Evans[4], en el cual él usa una ilustración con platos para entender el término

---

[4] Sermón de Tony Evans, «*The Secret to Powerful Prayer*» (15 de septiembre de 2019), https://www.youtube.com/watch?v=EVkC-zzubWY.

«santo». En su hogar, y en la mayoría de los hogares en realidad, hay dos *clases* de platos. Están los platos comunes. Los que usas para poner las patatas fritas y llenas de kétchup. Esos platos que contienen las comidas diarias, en el día a día, para tus desayunos, almuerzos y cenas comunes y corrientes. Algunos incluso están astillados, tal vez agrietados, y si lo están, no haces un duelo al tener que tirarlos, porque de todos modos, nunca fueron especiales.

Pero hay otra clase de plato. Ese que no ve la luz del día hasta que un arbolito alto y lleno de luces multicolores lo alumbra con sus destellos en la mesa del comedor. Algo significativo tiene que suceder en tu casa para justificar su uso. Y cuando todo vuelve a la normalidad, cuando se apagaron las velitas, el papel de regalo se esparció y se recolectó, y los invitados ya se levantaron de la mesa, estos platos se limpian y no se guardan en el mismo armario que los platos de las patatas fritas y el kétchup. Esos son demasiado comunes y corrientes para tal compañía. A estos platos especiales se los coloca en un armario completamente distinto que quizás esté en otra habitación, separados de todo lo demás, porque en la casa no hay nada como ellos. Están separados, son únicos y diferentes, singulares y distinguidos de lo que se considera común. Para expresarlo metafóricamente, estos platos son «santos».

Así que afirmar que Dios es santo es identificar Su posición como un ser que está separado. Pero ¿de qué o de quién está separado Dios? Los seres y las cosas santos son santos solo si están separados para Dios, pero ¿de quién está separado Dios? La respuesta es simple. Dios es único, diferente, apartado y distinto de todo lo que existe. Si retrocedemos al principio del capítulo 6 de Isaías, el profeta observa lo que los serafines dicen sobre Dios. Dice: «El año de la muerte del rey Uzías, vi al Señor excelso y sublime, sentado en un trono; las orlas de su manto llenaban el templo» (v. 1). Antes que nada, recién cuando Uzías muere, o «pasa a mejor vida», Isaías ve a Dios. Lo cual implica que, aunque Uzías está muerto, Dios está vivo. Esto tal vez parezca una verdad evidente que no tiene demasiado que ver con la santidad, pero si pensaste eso, estás pasando por alto algo importante. Dios no es santo sencillamente porque está vivo. Si ese fuera el caso, cualquiera que tuviera aliento de vida podría clasificarse como santo. Dios es santo porque *siempre* estuvo vivo, y después de que todo rey, persona, planta, estrella o luna perezca, Él seguirá *siendo*. Aunque toda la vida comienza con Dios, Él no tiene principio. Otra manera de expresarlo es que Dios *existe en sí mismo*. Existe porque existe. No necesita a nadie más que a Él para *ser*; por lo tanto, siempre ha existido y siempre lo hará.

Ahora, compara a Dios con todo lo demás y dime lo que ves. Lo que espero que observes es que todo lo que existe tiene un comienzo, es un derivado y depende de otra cosa para su vida. Pablo describe a nuestra especie como criaturas, señalando que solo en Dios «vivimos, nos movemos y existimos» (Hech. 17:28). ¿Se puede decir lo mismo sobre Dios? Por supuesto que no. A esto nos referimos cuando hablamos de la *trascendencia* de Dios. Significa que Dios es absolutamente único en Su especie. Dios no existe ni puede existir de la misma manera que nosotros o cualquier otra cosa; esto lo separa de toda la creación como el ser que es diferente de ella: santo. Así que, en esto, vemos que la santidad de Dios tiene que ver con la pureza moral, sí, y también con la otredad trascendente y autoexistente. Tiene que ver con ser absolutamente perfecto *y* eternamente existente. Algo que, por supuesto, solo Dios es.

Isaías ve al Dios vivo y lo llama «el SEÑOR de los ejércitos» (6:5, LBLA). Si el término «señor» se usara para nombrar a otro, no necesariamente implicaría que la persona es santa. Como en el caso de Abraham, a quien Sara llamaba «señor», para mostrar la autoridad que tenía sobre ella como su esposo. O un terrateniente, al cual en un caso se lo llama «El hombre, *el señor* de aquella tierra», el cual «nos habló duramente y nos tomó por espías del país» (Gén. 42:30, énfasis añadido). En estos casos, «señor» comunicaba el sentido de «propiedad», o «derechos» que alguien tiene sobre algo. Lo que diferencia al Señor tal como Isaías lo ve de lo que Abraham era para Sara como esposo, es que allí hay una propiedad de pacto en juego, mediante la cual ella le pertenece a él y él a ella (1 Cor. 7:4), pero Abraham nunca podría reclamar una autoridad soberana sobre su esposa o cualquier otro ser humano. No puede tratarla como si ella existiera gracias a él, o como si su vida y su ser dependieran en última instancia de él. Al Señor se lo alaba como santo porque los títulos «Rey» y «Señor de los ejércitos» implican que no es tan solo el dueño de algo; es el dueño de todo: el Rey de toda la tierra y gobernador de todas las huestes celestiales. No tiene apenas algunos derechos, sino derechos irrevocables sobre todo lo que hizo, porque todo lo que fue hecho proviene de Su mano, para Su gloria.

Él es Señor porque es el Rey y el Creador. De Él salieron todas la cosas, los cielos y la tierra, por supuesto. El mundo le pertenece, con sus cerros y el ganado que lo conoce como Hacedor: «pues míos son los animales del bosque, y mío también el ganado de los cerros. Conozco a las aves de las alturas; todas las bestias del campo son mías» (Sal. 50:10-11). Dios es Señor sobre los cielos, la tierra que nos sostiene, y Señor del cuerpo que tanto nos afanamos por guardar para nosotros. «El cuerpo no es para la inmoralidad sexual, *sino para el Señor*» (1 Cor. 6:13, énfasis añadido). Con el Señor, hay una regla soberana que se ajusta a Él como Amo de todo y siervo de nadie.

La autoridad de Uzías sobre la pequeña parte del mundo que Dios le permitió gobernar estaba limitada en tiempo y alcance. Judá, con sus millones de habitantes, era apenas polvo comparado con el universo sobre el cual Dios es Señor. Su reinado, es decir, el de Uzías, duró 52 años. Eso no es poca cosa, pero no se compara con la eternidad sobre la cual Dios siempre reinará. Él es Rey de reyes y tanto más, «Porque el Señor tu Dios es Dios de dioses y Señor de señores; él es el gran Dios, poderoso y terrible» (Deut. 10:17). Ningún ser existe como soberano sobre todo; tan solo Dios, santo.

El Dios santo está vivo y bien, y reina sobre todos los que tienen algún lugar de importancia. El estado del trono de Dios se percibe «alto y sublime» (Isa. 6:1, LBLA). Tal vez consideres que es una mención de altura, y en cierto sentido, puede serlo, pero no se trata tan solo de posición geográfica, sino de preeminencia. La altura tiene que ver con un estado de supremacía. Habla de la excelencia de Su ser. Dios es alto y sublime, porque es superior sobre todas las cosas. Es infinitamente valioso porque solo Él es Dios. Él es «el excelso y sublime, el que vive para siempre, cuyo nombre es santo» (Isa. 57:15). Consideramos que la tierra es algo especial, y esto se debe a que Dios la hizo de esa manera, pero incluso con toda su gloria derivada y su valor percibido, para Dios, es como un mueble sobre el cual apoya los pies. «la tierra [es] el estrado de mis pies» (Isa. 66:1).

En otras palabras, Dios reina con un poder que no tiene que pedirle a nadie. Sostiene la órbita del sol y su calor con una fuerza que ni Sansón conoció. Es majestuoso, un Rey sin igual. Todo trono debajo de Él es minúsculo y no se compara. Sus caminos son altos y *superiores* a los nuestros, porque Él lo es. Es el Altísimo, exaltado sobre todo lo que existe, porque todo lo que existe puede ser bueno, pero nunca será Dios. Todo lo maravilloso que hayas conocido —el amor, la comida, el sexo, la risa, los amigos, los padres, los hijos, el sueño, el trabajo, el dinero, etc.—, no puede competir con la belleza de Dios. El Altísimo se llama a sí mismo el Santo, y pregunta: «¿Con quién, entonces, me compararán ustedes? ¿Quién es igual a mí?» (Isa. 40:25). Nadie, Señor; santo.

Como si el canto no fuera suficiente para abrumar al profeta, la visión de Dios, las orlas de Su manto que llenaban cada centímetro del lugar, sin dónde ir y sin fuerza para moverse, se estremecieron los cimientos (v. 4). Cuando el templo tembló, Isaías no adoró. Sabía todas las cosas correctas para decir, cosas verdaderas. Que delante de Él estaba «el Señor de los ejércitos» (6:3, LBLA) y el «Fuerte de Israel» (1:24). Podría haberse unido a la canción de los serafines, mientras ellos se llamaban unos a otros hablando del Rey, en un himno santo. Pero decidió no hacerlo, eligiendo en cambio que su primera palabra fuera un conocido: «Ay».

«¡Ay de mí, que estoy perdido! Soy un hombre de labios impuros y vivo en medio de un pueblo de labios blasfemos, ¡y no obstante mis ojos han visto al Rey, al Señor Todopoderoso!» (6:5). Después de ver al Dios santo, Isaías se vio a sí mismo. Al instante, supo que, entre él y Dios, había solo uno que era santo. En la presencia del Señor, su culpa era evidente, sus pecados brillaban, descubiertos, expuestos y a plena vista. Estridentes, sin un botón para silenciarlos o un dedo para acallar el ruido. Confesó la profanación de su lengua, la cual comunicaba la contaminación inherente a su naturaleza.

De todo lo que podría haber hecho, ¿por qué vemos que Isaías confiesa? ¿Por qué salen *palabras* de él en un momento como ese? Porque la boca revela lo que hay en el corazón. Jesús habló de esto cuando dijo: «Pero lo que sale de la boca viene del corazón y contamina a la persona. Porque del corazón salen los malos pensamientos, los homicidios, los adulterios, la inmoralidad sexual, los robos, los falsos testimonios y las calumnias. Estas son las cosas que contaminan a la persona» (Mat. 15:18-20a). Ser un hombre de «labios impuros» implicaba ser un hombre impuro, y punto.

¿No es interesante cómo la simple proximidad a Dios crea una autoconciencia moral en Isaías y en los demás?[5] Hay algo tan puro respecto a Dios que, aunque sea tácito, cuando estamos cerca de Él se vuelve evidente que nada es como Él, en especial en cuanto a justicia. No es como si Dios hubiera *hecho* algo para que Isaías quedara aterrado. Ni siquiera le dijo que era santo; los serafines se lo dijeron. Dios no se movió, no se acercó, no se levantó ni se inclinó; sencillamente, se mantuvo *sentado*, y eso fue suficiente para que Isaías viera su propia maldad. La mera cercanía hizo que fuera imposible no ver el corazón de Isaías y sus caminos. Además, se discernían de manera veraz. Él sabía que sus labios eran *impuros,* y también su pueblo. Permitió que la realidad determinara cómo se percibía, en lugar de usar alguna palabra linda y difícil de condenar. Era un profeta más honorable en su manera de hablar y vivir que el contexto contra el cual había sido llamado a profetizar. Si se hubiera parado allí y, en su mente, hubiera comparado la naturaleza de su lenguaje con la de aquellos

---

[5] Esto se explora con mayor profundidad en el capítulo 2, cuando consideramos la interacción entre Pedro y Jesús.

que llamaban a lo malo bueno y a lo bueno malo, tal vez se habría considerado puro. Pero delante de Dios —Aquel en cuya boca no hay engaño, cuyas perfecciones son inalcanzables,·cuyo estándar supera las nubes y cualquier cielo que podríamos tocar por nuestra cuenta—, Isaías sabía que era un pecador.

La cualidad dramática de la claridad de Isaías respecto a su pecaminosidad resalta la excelencia moral del Señor que la provocó. La intensidad de lo que descubrió sobre sí mismo es lo que prueba que el Dios excelso y sublime también es *luz,* en el sentido de moralmente puro. «Dios es luz y en él no hay ninguna oscuridad» (1 Jn. 1:5). La luz se suele usar como metáfora de justicia. En Proverbios, «Mas la senda de *los justos es como la luz* de la aurora» (Prov. 4:18, LBLA, énfasis añadido). En Filipenses, «Háganlo todo sin quejas ni contiendas, para que sean *intachables y puros*, hijos de Dios *sin culpa* en medio de una generación torcida y depravada. En ella ustedes *brillan como estrellas* en el firmamento» (Fil. 2:14-15, énfasis añadido). A Jesús se lo llama «la luz del mundo», el cual dará al que lo siga «la luz de la vida» (Juan 8:12).

Como Dios es luz, no tiene oscuridad. No hay ningún mal dentro de Él. Ningún corazón imperfecto o manos impuras. Sus pensamientos siempre son buenos, Sus motivaciones siempre son puras. Tozer comentó sobre la santidad de Dios: «Él es el absolutamente santo, con una plenitud incomprensible e infinita de pureza que es incapaz de ser distinta de como es»[6].

En la mañana, cuando el sol sale y brilla sobre tu lugar en el mundo, míralo si puedes y recuerda que el Dios santo es más brillante aún. La luz radiante e incandescente que irradia de Dios tiene un efecto iluminador. Como sucede con cualquier fuente de luz, quita toda sombra, nos señala lo que estaba escondido detrás, delata la oscuridad y la obliga a reconocer los secretos que no pudo guardar. Cualquiera que ame el mal detesta la luz debido a esto. «Pues todo el que hace lo malo aborrece la luz, y no se acerca a ella por temor a que sus obras queden al descubierto» (Juan 3:20). El hombre contemporáneo mantiene la Biblia cerrada en un intento de sofocar su luz. Otros fabrican medias verdades sobre Dios o rechazan la ortodoxia como una manera de mantener afuera al Hijo. Isaías no hizo ninguna de estas cosas, y no podría haberlo hecho aun si hubiese querido. Porque junto al trono del Santo, la virtud suprema de Su mismo ser obligó a que todo lo que había en Isaías que no se parecía a Dios saliera de su escondite.

En el capítulo 6 de Isaías, se nos proporciona una visión de Dios que prepara la mesa para nuestra santa

---

[6] A. W. Tozer, *El conocimiento del Dios santo* (Florida: Editorial Vida, 1996), 116.

comunión con Él. Como ya vimos, Su santidad es tanto Su trascendencia como Su pureza moral. Tanto Su valor increíble sobre todas las cosas como Su compromiso irrevocable con la honra de Su nombre. Un Señor que usa Su poder para bien. Un Rey sin mancha. En un trono independiente del tiempo. Es sublime y excelso, y sin embargo, es lo suficientemente santo como para humillarse hasta la muerte. Y volvió a levantarse para sentarse en Su lugar legítimo, donde las criaturas cantan lo que es cierto sobre Él (Apoc. 4:8). A través de Él, recibimos un reino inconmovible. Al acercarnos a Él, nos hemos encontrado con Dios. Y ahora sabemos lo que quizás no sabíamos antes. Que este Dios y Rey es santo.

Capítulo 2

Santo, santo, santo: Perfección moral

JESÚS ENTRÓ EN LA barca de Pedro como Él mismo. Desde la muerte del rey Uzías, no mucho había cambiado, y a la vez, muchísimo. Por un lado, el Verbo se había hecho carne. Nacido de una virgen, y ahora humano también, había llegado a los 30 años. Aquel día, en Lucas capítulo 5, Su ropa era bien diferente a la que vio el profeta. No había manto ni orlas que llenaran el barco como lo hacían con el templo. El ruido de fondo no era angelical esta vez, pero sí había ruido. La gente conversaba. Algunos murmuraban sobre el nuevo profeta que había venido a la ciudad a hacer cosas que nadie había visto jamás. Todo esto sucedía frente a un lago que les había negado todo botín a sus pescadores la noche anterior. Esta vez, no estaba en un templo con la alabanza de los serafines ni hablando desde una zarza que no se consumía; el lugar donde Jesús se sentaría y donde Dios hablaría era un barco.

Cuanto terminó de hablar, Jesús se volvió a Pedro y le dijo que echara allí las redes (Luc. 5:4). Pedro ya lo había hecho, toda la noche por cierto, pero no tenía ningún pescado que mostrara sus esfuerzos. Sin embargo, hizo lo que Jesús le dijo, aunque tal vez le haya parecido una tarea inútil. La red que estaba vacía empezó a llenarse con los mismos peces obstinados antes de que el sol saliera. Uno pensaría que alguien los llamó por su nombre o los guio hasta la red mediante alguna fuerza invisible. Así como el viento traía el maná, la corriente del lago trajo peces. Es más, había tantos que la red empezó a romperse (v. 6). Toda esta experiencia con los peces, en aquel lago y en aquel barco hizo que Pedro llegara a la conclusión de que lo que sucedía en ese momento no era natural ni normal. Y sucedía porque el otro hombre en el barco era más que un maestro, un profeta y un sanador. Era más que el hijo de María, era Dios.

«¡Apártate de mí, Señor; soy un pecador!», le dijo a Jesús (v. 8). La respuesta de Pedro fue similar a la de Isaías cuando exclamó: «¡Ay de mí, que estoy perdido! Soy un hombre de labios impuros y vivo en medio de un pueblo de labios blasfemos, ¡y no obstante mis ojos han visto al Rey, al Señor Todopoderoso!» (Isa. 6:5). Esto no debería sorprendernos, si recordamos que Pedro e Isaías dijeron esto en la presencia de la misma persona (Juan 12:41).

Como ya mencionamos, lo más intrigante de la reacción de ambos es que estar en la presencia de Dios no inspiró primero adoración, sino confesión. Una profunda conciencia personal acompañada de un verdadero temor. La autopercepción de estos dos hombres cambió al ver a Dios como si, por proximidad, sus corazones y su naturaleza fueran descubiertos y expuestos a la luz. Su mismo ser marcaba un contraste moral con el de ellos, al punto de que no les quedó ninguna justificación interior para sofocar la verdad sobre ellos mismos. Estar cerca de Aquel que es luz, y en el cual no hay oscuridad (1 Jn. 1:5) iluminó sus conciencias para que entendieran algo sumamente sencillo: que Dios era santo y ellos no. La santidad hace que la sinceridad sea una obligación. Ya sea que nos percibamos como un comunicador de la verdad de Dios, como Isaías, o como un obrero, nuestros títulos no expresan demasiado sobre quiénes somos *en realidad*. Sea lo que sea que hagamos o cómo nos identifiquemos, cuando estamos cerca de Dios, vemos la verdad y nada más que la verdad. Que aquello que Dios es, nosotros no lo somos. Santo.

Dios es santo, por ende, Dios no tiene pecado. Afirmar que Dios es santo es afirmar que Dios no tiene error. O afirmar que Dios no tiene error es afirmar que Dios es moralmente puro. Tal vez sea difícil, o al menos, interesante, imaginar a un ser tan distinto de nosotros en este aspecto. Uno en cuya boca sería imposible hallar engaño (1 Ped. 2:22) y cuyos ojos son demasiado puros como para ver el mal (Hab. 1:13), pero aunque nos resulte difícil, no nos atrevemos a imaginarlo a Él de otra manera. Cuando empezamos a pensar en Dios como cualquier otra cosa que santo, ese es el momento en que nos imaginamos a un dios completamente distinto.

La perfección moral y la ley

Si necesitamos alguna evidencia que pruebe la perfección moral de Dios, la encontramos en la ley. «Así como la santidad de la Escritura demuestra la divinidad de su Autor, la santidad de la ley muestra la pureza del Dador de la ley».[1] Nuestra relación con la ley no merece celebrarla el día de los enamorados. No importa cómo la hayamos descubierto, ya sea a través del consejo o la conciencia, respondimos resistiendo todo lo bueno que tenía para ofrecer, probando así algo profundo y oscuro respecto de nosotros. En esencia, que no nos gusta ser como Dios. Eso no quiere decir que nuestra pecaminosidad no sea una parodia y una manera bastante necia de endiosarnos. La serpiente nos sigue incentivando a la incredulidad,

---

[1] Stephen Charnock, *Discourses upon the Existence and Attributes of God*, volúmenes 1–2 (Nueva York: Robert Carter & Brothers, 1874), 128.

prometiendo que nos hará «como Dios», pero nuestra motivación nunca fue ser como Dios en cuanto a justicia, sino a derechos. Codiciamos una autoridad suprema, plantamos bandera sobre terreno poco profundo, y nos reclamamos a nosotros mismos y a los demás como nuestra propiedad. Recién cuando se nos coloca la ley frente a nosotros, vemos en su espejo que no nos hemos vuelto como Dios en absoluto. Al único que nos parecemos es a Satanás. Eso se debe a que «la ley es santa, y que el mandamiento es santo, justo y bueno» (Rom. 7:12). La ley es santa porque su Dador es santo, y haber respondido a ella con absoluta obediencia (de haber sido posible) habría sido bueno para todos. El problema es que «Nadie es bueno sino solo Dios» (Mar. 10:18); es decir, nadie es santo sino Dios.

Si la examinamos de cerca, la ley nos habla de la naturaleza ética de Dios. Si la observamos como un niño curioso en la falda de su madre, los primeros cinco preceptos del Decálogo (los Diez Mandamientos) revelan el valor de Dios. Lo inverso del primer precepto —no tener otros dioses además de Dios— sería un respaldo a la idolatría, si se revirtiera y se reformulara para mandarle a Israel a «tener otros dioses además de Dios». Si en el Monte Sinaí, Dios hubiera pronunciado esas palabras con voz de trueno, con el becerro de oro fabricado apenas se disipó el humo, habría sido una afrenta para Dios que Él mismo habría provocado. Es decir, Dios estaría recomendando la maldad. ¿Y qué es la maldad sino la negativa a honrar a Dios como Dios? Mandar otra cosa que no fuera una absoluta lealtad a Él no solo sería un mal por el cual Dios requeriría expiación, sino también la propugnación de una mentira. La mentira de que otros dioses, hechos por manos humanas o pensamientos o lo que fuera, también pueden ser Dios. Como si hubieran creado los cielos y la tierra; como si existieran antes de que todo lo que fue hecho existiera. Como si pudieran cumplir Sus promesas o salvar o justificar o santificar a un pecador. Pero solo un demonio contaría semejantes historias.

Así que queda claro que Dios jamás podría mandarnos que adoremos a algo más que a Él. «¿Puede acaso abolir el mandato de amor a Él sin mostrar cierto desprecio a Su propia excelencia y Su mismo ser? Antes de poder ordenarle a una criatura que no lo ame, debe hacerse indigno de amor y digno de odio; esto constituiría la máxima perversidad, ordenarnos que odiáramos aquello que tan solo es digno del mayor de nuestros afectos».[2]

Si entrecierras los ojos y pones la mano sobre tu barbilla mientras indagas en la segunda tanda de mandamientos, descubrirás en ellos más de cómo es Dios. Lo que le manda a Israel allí es lo que Él es. El amor no es

---

[2] Ibíd., 130-31.

Dios, pero Dios es amor, y al serlo, lo prodiga de manera activa. El asesinato, el robo, el adulterio, la deshonestidad y la codicia son conductas y posturas del corazón que no existen en Dios, no solo porque es amor, sino porque es santo. La santidad es lo que hace que el verdadero amor sea posible. Sin ella, el amor es puramente sentimental, fácilmente mal usado e incondicionalmente condicional. La perfección moral del amor de Dios lo posiciona como algo vivo que no puede deshonrar a la creación, así que vuelve a imaginar la inversión del mandamiento de amar a nuestro prójimo. Si Dios mandara: «asesinarás, robarás, cometerás adulterio, mentirás y codiciarás», esto lo revelaría como algo terrible. Alguien que detesta todo lo que hizo y que está resuelto a destruirlo y despojar a todos los seres humanos de su dignidad. El amor desganado, egoísta y propenso a los ídolos que solemos mostrar sería el ideal supremo y la definición misma de amor, porque no habría ningún estándar moral que nos llamara a algo más sublime. Dios sería un instigador del odio, y nuestra obediencia a una forma de vida tan bestial transformaría la tierra en el infierno que siempre fue.

Lo que describí más arriba —o tal vez debería decir la persona a la que describí— se parece más a Satanás que a Dios, pero ¿a quién te parece que estamos reflejando cuando desestimamos la santidad de Dios en nuestras definiciones de Él? El mismo ser de Dios es la antítesis de la manera en que funciona el mundo (1 Jn. 2:16). Tanto en forma trascendente como ética. Las experiencias de Pedro e Isaías son testigos de esto. De la misma manera, nuestro repudio natural de la ley tal como se nos enseña, se nos lee, se nos predica y se nos canta cuando estamos en un estado no convertido revela nuestra pecaminosidad (Rom. 7:7). Nuestra naturaleza pecaminosa es la razón misma de un «¡Ay de mí!» en respuesta a la presencia del Santo. La ley magnifica nuestra oscuridad porque su Dador *es* luz. Revela nuestras impurezas porque su Dador *es* puro.

La perfección moral y el Cristo

En un sentido muy real, la ley nos ayuda a entender a Dios. Detrás de Sus mandamientos, hay huellas impresas por una tierra santa; pero incluso ahí, la ley pinta una imagen insuficiente. Como cuando se sacude una Polaroid y resulta incompleta. Entonces, ¿qué miramos para explicar mejor cómo es Dios? O para ser más específicos, ¿cómo es la santidad de Dios en la vida real? Es decir, podemos pedir ver Su gloria, pero si Dios se deja ver, no nos queda otra cosa que la muerte o una hendidura. Felizmente, lo que Moisés pidió en Éxodo 33:18 («Déjame verte en todo tu esplendor») se volvió una realidad en Mateo 17:2-3 («Allí se transfiguró en presencia de ellos; su rostro resplandeció como el sol, y su ropa se volvió blanca como la luz. En esto, se les aparecieron Moisés y Elías conversando con Jesús». Había recibido esas piedras pesadísimas y se las había entregado a Israel, porque la ley fue dada a través de él (Juan 1:17), pero ahí mismo deberíamos insertar un grito de alabanza o un aleluya, porque después de Moisés, vino Uno que mostró *exactamente* cómo es la santidad santa, santa de Dios.

Apenas después de que Juan nos hablara de que el Verbo (también conocido como Jesús, de nuestro lado de la encarnación) era Dios y estaba con Dios, escribió que nadie vio a Dios jamás, pero que Jesús lo dio a conocer (Juan 1:18). No soy ninguna erudita del griego, pero dejaré de lado mi idioma nativo un segundo para llamar la atención a la palabra *eksēgéomai*, que, traducida, significa que Jesús *explicó* a Dios, o según la versión de la Biblia que leas, «Él nos lo *declaró*». Es la raíz del término teológico «exégesis». Para extender un poco más esto, Jesucristo, entonces, es «la exégesis de Dios, la exposición de Su realidad oculta».[3] Si Dios fuera un sermón, Jesús sería el único calificado para exponerlo. Él es «la imagen del Dios invisible», y «la fiel imagen de lo que él es» (Col. 1:15; Heb. 1:3); por lo tanto, como bien lo expresa Michael Reeves: «Nuestra

---

[3] Bruce Milne, *The Message of John* (Downers Grove, IL: InterVarsity Press, 1993), 50.

definición de Dios debe construirse sobre el Hijo que lo revela».[4]

Entonces, ¿qué aprendemos sobre la perfección moral de Dios al mirar al Hijo? Bueno, descubrimos que tal como Dios es, también es el Hijo. Él también es sin pecado ni mancha, moralmente puro, intachable, impoluto y santo. En la tierra, no cometió pecado ni se halló pecado alguno en Él (1 Ped. 2:22; 1 Jn. 3:5).

Aunque nuestra cultura tiende a ignorar la naturaleza moral de Dios, los demonios no. Es irónico que estos seres caídos, relegados a la oscuridad mientras aguardan el fuego eterno, testifiquen que Jesús es «el Santo de Dios» (Luc. 4:34) mucho más rápido que nuestra especie. Ellos saben muy bien lo que eso significa. Nosotros podemos decir que Jesús era un hombre bueno digno de imitar, pero ¿qué significa «bueno» para nosotros realmente? Para muchos, es bueno en el sentido de que se adapta a las normas morales de la sociedad. Bien educado, generoso, justo, pacífico, tolerante, vegano, cortés e inclusivo. Este Jesús es bueno, quizás, pero ¿sería un Santo? Esa es la verdadera pregunta, y en respuesta, debo decir que la santidad (y la bondad) nunca deberían determinarse por los caprichos, los deseos y las normas de algo creado, ni siquiera de toda

---

[4] Michael Reeves, *Delighting in the Trinity* (Downers Grove, IL: InterVarsity Press, 2012), 22.

una cultura. En especial, cuando las ideas de esa cultura son influenciadas tan fácilmente por los corazones engañosos que la componen, así como su mutabilidad general, que hace que adquiera distintas formas y se adapte a su era. Jesús condescendió con un diccionario en mano. Es Él, plenamente Dios, hecho semejante a los hombres, el cual traduce lo invisible. Dejemos de lado la metáfora un momento, y lo que quiero decir es lo siguiente: Dios define a Dios.

He prestado mucha atención a Jesús y a la manera en que manejó la tentación en el desierto (Luc. 4:1-13). Poder observar las maneras y las razones con las que resistió Cristo las provocaciones de Satanás crea para mí otra vía para entender la santidad. Ver lo que hace la santidad cuando se la prueba la pone de lado, de manera que se puedan captar ángulos diferentes de la misma imagen.

Después de que Jesús fue lavado en el río Jordán, el Espíritu que descansó sobre Él como una paloma lo guio al desierto. Allí, después de 40 días, con el estómago vacío y el cuerpo débil, evidencia de Su plena humanidad y de los derechos a los que había renunciado para poder debilitarse de esa manera, se lo tienta a hacer pan. Sí, ya sé: en el desierto no hay harina, levadura, huevos, leche ni polvo de hornear, pero Satanás sabía que nada de esto importaba si Jesús era el Hijo de Dios. Desde el principio del tiempo, Jesús ha estado creando y sustentando a través de medios sobrenaturales. Como el Verbo encarnado, podía transformar las piedras en pan con el poder de Su palabra (por eso Satanás le dice a Jesús que «[ordene] a estas piedras»), tal como hizo con la luz. No solo eso; Jesús también podía acceder en Su interior a esa acción creativa que mostró ante Israel cuando cayó pan del cielo (maná). Me lo imagino, el diablo señalando con el dedo las piedras desparramadas por el desierto, con la esperanza de que Jesús recordara Su poder y autoridad divinos y los aprovechara para llenar el vacío en Su estómago. Y en realidad, si hubiese *querido,* habría podido hacerlo; después de todo, es Dios. Pero ¿acaso *querría* hacerlo? ¿Cómo influiría en esto la santidad?

Aquí está Él, en el desierto y más hambriento que nunca, y el diablo determina usar la comida como carnada, esperando que el Segundo Adán sea como el primero. Como nunca les dio demasiado lugar a los demonios, Jesús cita de Deuteronomio las palabras de Moisés, en respuesta al tentador: «no solo de pan vive el hombre», y culmina diciendo: «sino de todo lo que sale de la boca del Señor» (Deut. 8:3). Esto es santidad en acción.

Observa que Jesús no habla otras palabras sino las de Dios, y Su absoluta negativa a participar del plan del diablo surge de Su compromiso con el Padre al cual siempre ha amado. Imaginemos que hubiera permitido que el pensamiento permaneciera en Su mente demasiado tiempo, que hubiera visto las piedras y probado el pan. La línea entre la tentación y el pecado habría desaparecido, y el Hijo se habría transformado en un pecador apenas la hubiese cruzado. No precisamente por comer, sino por lo que el uso de Su poder divino y el beneficio obtenido de eso habrían dicho sobre Dios. Analiza Sus palabras: «no solo de pan vive el hombre, sino de todo lo que sale de la boca del Señor», y verás a qué me refiero. El cordero moralmente puro y sin mancha que es Jesús sabía que la comida (aunque una necesidad legítima) no era una necesidad suprema. Su permanencia sobre la tierra con un cuerpo saludable no dependía de la comida, sino del Dios del cual proviene el alimento. Escuchar al diablo y mandar a las piedras habría implicado desconfiar de la capacidad de Dios de sustentar al Hijo. Además, un Dios santo no puede ser un Dios egoísta. Aunque, con tan solo una orden de Jesús, una roca podía transformarse en una comida, Él no utilizaría Sus poderes para beneficio propio. El pecado es en esencia egoísta. La santidad es, en su esencia, abnegada. El agua en vino, cinco panes y dos peces, estas son instancias en las que vemos a Jesús saciar el estómago y el cuerpo como solo Él sabe hacerlo. Utilizar Su poder para ofrecer provisión a otros en vez de a Él. Seguramente el diablo sabía (o tal vez no) pero no le importaba que Jesús había venido a servir y no a ser servido, y que Su cuerpo sería entregado como rescate por muchos. Y justamente por eso, a Jesús no le preocupaban los ruidos que le hacía el estómago o el temor de que un día más sin comer pudiera matarlo. Por supuesto que moriría, un día. Y no sería de hambre, sino al dar Su vida voluntariamente.

Todo lo que Jesús citó provino del mismo libro, Deuteronomio. Cuando el diablo sugirió que Jesús se inclinara para adorarlo (qué demonio tan pero tan tonto, ¿cómo se le va a ocurrir semejante cosa?), Jesús contrarrestó diciendo: «Adora al Señor tu Dios y sírvele solamente a él» (Luc. 4:8; comp. Deut. 6:13). La exclusividad de la adoración, Dios como el único digno de recibirla, se muestra como un aspecto de la santidad. Es una ley que Jesús era demasiado santo, santo, santo como para desobedecer. Esto junto con la última propuesta demoníaca de arrojarse desde el templo. Saltar desde allí al viento, suponiendo que los ángeles realmente fueran a Su rescate, habría implicado poner a prueba a Dios. El Hijo habría repetido el pecado de Israel, dudar de Dios y desafiarlo a probar que cumplirá Sus promesas (Deut. 6:16). Pero, por supuesto, Dios cumplirá Su promesa al Hijo, y el Hijo lo sabe porque *conoce* a Dios. Satanás ha tenido poder sobre todos los que han vivido. Desde Adán a Abraham. Desde Moisés a David. Desde Salomón a Isaías. Desde Malaquías a mí y a ti. Nacidos de carne y sangre, nadie tuvo jamás la libertad moral y el poder innato para resistir a Satanás con tanta eficacia excepto Jesús, porque de cierto, de cierto te digo, Satanás no tenía dominio sobre Él (Juan 14:30); el único que tenía poder sobre Él era Dios.

Ahora bien, ¿qué podemos decir sobre la perfección moral de Dios después de observar al Hijo? Que es brillante. La miramos con los ojos entrecerrados, con el antebrazo debajo de las cejas, con la esperanza de que esta visión no nos entierre. ¿Entendiste lo distintos que somos de Él? Aun concretadas, estas tentaciones de afuera no encontraron lugar para aterrizar. Eva no pudo permanecer fiel ante tan solo una pregunta; sin embargo, el Hijo, 33 años después de nacer, había permanecido santo todo el tiempo.

He tratado de imaginarme lo que sería tener siempre un corazón limpio. Ver el dinero y reconocerlo como solo papel y provisión, no como un ídolo ni una identidad. Ver a una mujer y ver tan solo una mujer. O ver a una mujer y recordar a Dios. Que te injurien y no tener que lidiar con el orgullo que te acosa para que contestes algo, rogándote que pruebes que no eres tan débil como sabes que eres; y cuando devuelves el favor, pecando debido al pecado, la conciencia te lo recuerda. ¿Qué pecado habrá recordado Jesús? Sin duda, el de Adán. Y cómo todos los que vinieron después de él eran iguales a su padre. Stephen Charnock dijo: «No es un defecto de Dios que no pueda hacer el mal, sino una plenitud y una excelencia de poder; así como no es una debilidad sino una perfección de la luz el ser incapaz de producir oscuridad»[5]. Jesús, nacido del linaje de Adán pero sin su naturaleza pecaminosa, nos mostró lo que significa realmente la perfección moral.

Había suficiente evidencia para probar que Jesús era intachable, pero las acusaciones de que tenía una naturaleza distinta igual abundaban. Algunos decían que se asociaba con Satanás para echar fuera demonios, y que era posible que los mismos demonios que echaba vivieran en Él (Mat. 12:24). Otros afirmaban que no provenía de Dios; en otras palabras, que no era del cielo sino de la tierra (Juan 9:16). Y otros estaban seguros de que no solo estaba poseído por demonios, sino que era un glotón y un borracho que comía con pecadores, y estaba completamente loco (Luc. 7:34; Juan 10:20). Estas acusaciones implican suponer que Su naturaleza humana era lo único que tenía, y nada más. Que Su corazón carecía de luz divina, oscurecida por la mordida de Adán y la rebelión atrapada entre

---

[5] Charnock, *Discourses upon the Existence and Attributes of God*, 125.

sus huesos. Que Él también era tan solo carne y hueso y sangre, sin existencia anterior, tal como el resto de nosotros, una contradicción directa de Su testimonio de existir antes de que existiera toda carne (Juan 8:52-58). Que era un hombre común y corriente con una boca blasfema, un estómago glotón y una vida de embriaguez. Otros hombres afirmaron que sabían que era pecador (Juan 9:24), pero en realidad no sabían de qué estaban hablando ni con quién estaban hablando. Proyectar su propia pecaminosidad sobre el Santo era una manera de resistir la verdad. Evadir la rendición de cuentas mediante una acusación. Si Jesús era tan pecaminoso como ellos afirmaban, todo lo que dijo sobre sí mismo sería una mentira, y justificaría la incredulidad de ellos. Pero si Jesús era tan santo como parecía, entonces todo lo que dijo sobre Él, sobre Dios, el corazón y el mundo de ellos, y el mundo venidero era verdad y fidedigno.

La perfección moral y nuestra incredulidad

Supongo que para ellos, y especialmente para nosotros, creer lo que Dios dijo equivale a lo que creemos que Dios es. ¿Y si, en nuestra incredulidad, existe alguna parte de nosotros que no tiene en demasiada estima la perfección moral de Dios? ¿Acaso no es esa la raíz de todo pecado? ¿No creer que Dios es sincero, al punto de negarnos a honrar Su persona, porque no creemos lo que dijo? Tomemos a Eva, por ejemplo. Probablemente, Adán le había dicho (y a él, Dios se lo había dicho) que el árbol del conocimiento del bien y del mal no se podía consumir, y que una vez que comieran de su fruto, aparecería la muerte. No sé cuánto tiempo habrá negado el atractivo del árbol, negándose a deleitarse en su aparente delicia, pero no importa cuánto haya sido, esta obediencia se debió a su fe en lo que Dios había dicho al respecto. Sus pensamientos y sentimientos subjetivos sobre el árbol no determinaban la calidad del árbol o si era moralmente aceptable probar su fruto, porque la Palabra de Dios es lo que establecía que el árbol estaba prohibido. Más allá de su apariencia, el sabor de su fruto o la realidad de la atracción que Eva sentía por el árbol, era algo tan mortal como el diablo que entró al jardín con una pregunta. A ella, le preguntó: «¿Es verdad que Dios les dijo que no comieran de ningún árbol del jardín?». A ella, le mintió: «¡No es cierto, no van a morir!» (Gén. 3:1, 4). Por supuesto, todos sabemos lo que pasó después. Sabemos que Eva tomó el fruto, lo comió y le convidó a Adán, que también comió. Pero ¿sabemos por qué? Apenas Eva creyó lo que la serpiente decía y se rebeló contra la palabra de Dios, su fe mal dirigida reflejó lo que creía sobre la santidad de Dios. Para ella, Dios —y no la serpiente— era el mentiroso entre ellos.

No hay muchos que se atreverían a llamar mentiroso a Dios en voz alta, a menos que sean culpables de blasfemia y queden exentos de perdón. Sin embargo, el corazón revela lo que la boca no dice. Nuestra manera de vivir es evidencia de lo que creemos sobre Dios. Si es Señor, servimos. Si es Creador, somos humildes. Si es Salvador, confiamos. Todo lo anterior no se discernió sin ayuda. Fue comunicado por el mundo y por la Palabra. El problema de nuestra naturaleza es que nos corrompe la mente, inflama nuestro ego, nos nubla la visión y oscurece nuestro entendimiento de manera que, cuando Dios decide decirnos algo, determinamos la integridad del mensaje según lo que sentimos sobre lo que Dios nos ha revelado que es. Esto no quiere decir que toda la incredulidad sea emocional, sino que nuestras decisiones respecto a lo que creemos sobre Dios nunca están aisladas de nuestros sentimientos.[6]

Antes de ser libres de las cadenas del pecado, como esclavos y amantes del mismo, resistimos la verdad porque nos exige algo. Le dice al corazón aquello que el corazón se niega a reconocer. Que no es tan feliz como la sonrisa que fabrica, ni tan pleno como alega ser. Escuchar la verdad y creerla como tal nos produce temor. Si, mediante el poder

---

[6] Thomas Chalmer, *The Expulsive Power of a New Affection* (Wheaton, IL: Crossway, 2020).

de la resurrección de otro, decidimos concordar por fin con Dios en que Él es el Creador de todas las cosas y que, por lo tanto, es el dueño de todo —incluidos el corazón, la mente y el cuerpo—, entonces estamos obligados a darle a Dios lo que merece por derecho: todo nuestro ser. Esto resulta imposible si crees lo que el diablo te dijo. Que eres el único dios que necesitas. Que todo regalo dado a los hombres, desde el sexo hasta el sol, es tuyo para que lo explotes; para que le exprimas la belleza a todas las cosas, hasta que dejan de ser buenas y se transforman en un ídolo. La consecuencia inevitable de no creer lo que Dios dijo sobre sí mismo es tomar lo que Dios hizo y llamarlo Señor. Entre otras cosas, no creer que Dios dice la verdad sobre el pecado y la muerte implica que no hay consecuencias, infierno ni juicio. Si Él es *solamente* amor y no juez, lo cual en realidad no es amor, entonces podemos rebelarnos sin ningún tipo de consecuencia. Esta es la pseudolibertad que prefieren los pecadores. Vivir según sus propios términos. El cielo y el infierno al mismo tiempo. Si somos lo suficientemente valientes como para creer que Dios es quien dice ser, nos queda una sola opción: adorar. Pero si queremos ser el centro de atención, la fuente de nuestro propio gozo y la autoridad suprema sobre nuestras vidas, entonces, en nuestra mente, Dios no puede ser santo; tiene que ser como nosotros. Un pecador.

Es una buena noticia que la continuidad de la justicia de Dios sea independiente de nuestra fe en ella. No importa si creemos que Dios es santo o no, Él siempre será lo que siempre ha sido. La ausencia eterna de pecado por parte de Dios significa muchas cosas, pero para nosotros, la más sencilla es que Dios no puede mentir. Él «no es un simple mortal para mentir y cambiar de parecer», y es un Dios que «no miente» (Núm. 23:19; Tito 1:2). Como es santo, Dios ve las cosas tal cual son. Es el realista supremo, que jamás distorsionará o ignorará la verdad. Aquel que le proporcionó a Eva una realidad alternativa le dijo: «¡No es cierto, no van a morir!» (Gén. 3:4). Tal vez las palabras parecían sinceras, veraces. Auténticas. Sin embargo, los buenos mentirosos son así. Pueden mentir sin quebrar la sonrisa. Es lógico que Satanás esté cómodo con el engaño, porque según Jesús, es el «padre de la mentira», el cual «no se mantiene en la verdad» y, cuando miente, «expresa su propia naturaleza» (Juan 8:44). Verás, entre Satanás y Dios, hay una diferencia abismal, pero en nuestra lucha para creerle a Dios, es como si a veces sospecháramos que Dios asume una naturaleza diferente y más oscura. Que cuando Pablo declara que nada «podrá apartarnos del amor que Dios nos ha manifestado» (Rom. 8:39), rechazamos que esa idea pueda ser real para cualquiera, y en especial para nosotros. ¿Cuántos de nuestros pecados empezaron con la convicción de que Dios no nos amaba en realidad? ¿A quién le creímos en ese entonces? A Dios no.

Una de las maneras en que Jesús abordó la incredulidad de Israel fue al hacerles una pregunta sobre Su pureza moral. Les dijo: «¿Quién de ustedes me puede probar que soy culpable de pecado? Si digo la verdad, ¿por qué no me creen?» (Juan 8:46). Si cualquier otra persona hiciera esta pregunta, en lugar de Dios, sería narcisista, ciega o ambas. El discípulo al que Jesús amó escribió: «Si afirmamos que no tenemos pecado, nos engañamos a nosotros mismos y no tenemos la verdad» (1 Jn. 1:8). Cualquier humano que se pone junto a la ley de Dios, levanta su arrogante cabeza y le dice al mundo que ha sido tan bueno como la ley lo requiere, está mintiendo. Solo Jesús puede colocarse junto a la ley y ser la imagen exacta. Solo Jesús puede afirmar lo que afirmó sobre Él mismo y no mentir. Así como *siempre* hace lo que es agradable para Dios (Juan 8:29). Siempre. Así como, en todo momento, consistente y perpetuamente, día y noche, el Hijo agrada al Padre. Este testimonio fue confirmado por el Padre, el cual habló sobre el Hijo durante Su bautismo pronunciando la afirmación suprema: «Este es mi Hijo amado; estoy muy complacido con él» (Mat. 3:17). Sin el testimonio del Padre y la vida sin pecado del Hijo, cualquier declaración de Jesús sería un delirio de grandeza y, peor aún, Jesús estaría entre los falsos profetas de Su época. Respecto a esto, C. S. Lewis declaró: «Un hombre que fue meramente un hombre y que dijo las cosas que dijo Jesús no sería un gran maestro moral. Sería un lunático —en el mismo nivel de un hombre que dice ser un huevo escalfado—, o si no sería el mismísimo demonio».[7] Parece descabellado decir lo que dijo C. S., que Jesús es Dios (y por lo tanto, santo, no un mentiroso) o es un lunático. Pero ¿de qué otra manera podrías describirlo si Jesús estuviera mintiendo en cuanto a ser la resurrección y la vida? ¿En cuanto a que Él y el Padre son uno? ¿En cuanto a Su declaración de que Él era antes de Abraham, afirmando así Su eternalidad? ¿En cuanto a Su declaración de que tiene autoridad para perdonar pecados y que, si alguien decide no creerle, morirá en sus pecados? No hay áreas grises en lo que se refiere a lo terrible que sería si Jesús mintiera sobre estas cosas. Ofrecerse como pan para los hambrientos y agua para los sedientos tan solo para darse la vuelta y no ser ni alimento ni bebida, sino tan solo un mentiroso necesitado de ambas cosas. Si este fuera el caso, seríamos sabios al negarlo. Nadie con sentido común debería ser leal a una mentira. Sin embargo, esta no es la opción que se nos da, porque Él no es ni un lunático ni un falso profeta; Él es el camino, *la verdad* y la

---

[7] C. S. Lewis, *Mere Christianity* (Nueva York: HarperCollins, 1952), 55-56.

vida. Como añadió C. S. Lewis: «Pueden hacerlo callar por necio, pueden escupirle y matarlo como si fuese un demonio, o pueden caer a sus pies y llamarlo Señor y Dios».[8]

Si hay algo que quiero que tomes en serio, es esto: como Dios es santo, todo lo que dice es verdad y todo lo que hace es bueno. Tan solo en el Evangelio de Juan, Jesús dice «digo la verdad» hasta 25 veces.[9] Jesús era repetitivo para probar algo: que todo lo que dijo es verdad, porque es una persona veraz. Afirmar «les digo la verdad» significa que Jesús nos está garantizando no solo la importancia de lo que dice; también nos asegura Su carácter veraz y santo detrás de esas afirmaciones. Quiere que sepamos que el mensaje es confiable y correcto, y también lo es la boca que lo declara. O consideremos Jeremías 2:5, donde Dios declara: «¿Qué injusticia vieron en mí sus antepasados, que se alejaron tanto de mí? Se fueron tras lo que nada vale, y en nada se convirtieron». Tener una visión errada de la naturaleza ética inmaculada de Dios nos tienta a dudar de Su palabra, lo cual nos

---

[8] Ibíd.

[9] La frecuencia con la cual aparece esta frase depende de la traducción que se usa. En la Nueva Traducción Viviente, esta frase se encuentra 26 veces en el libro de Juan. Cuando se traduce distinta en otras versiones, la idea sigue siendo clara en todos los pasajes relevantes: Jesús está intentando ayudarnos a ver que nos está diciendo la verdad.

lleva a negar Su valor. Si no confiamos en Su carácter, es imposible creer Sus palabras.

La vida, y las personas que vamos conociendo mientras vivimos, están plagadas de pecado y sufrimiento. No pasa un día sin que alguien peque contra nosotros de alguna manera. Todos muestran falta de amor hacia los demás. Nacimos en un mundo en el cual no se pone la otra mejilla fácilmente, sino que se vuelve la espalda con toda frialdad. Algunos de nosotros todavía seguimos haciendo el duelo de los recuerdos que hubiéramos querido tener, con un padre presente. Estamos los que hemos sufrido traumas tan atroces que el cuerpo se olvidó del dolor para protegerse de la conmoción de recordar. No sé cuántas manos necesitaríamos para enumerar las veces que nos han mentido, calumniado, deshumanizado, ignorado, abandonado, rechazado y que han abusado de nosotros. Si lo piensas, algunos de los pecados que tenemos los adquirimos como una forma de lidiar con nuestra situación. No mostramos amor porque alguien se aprovechó de nosotros. Cedemos fácil a la ira o la irritación porque en nosotros hay una herida que tenemos demasiado miedo de nombrar. Este mundo nunca ha sido tan seguro como el cielo, así que, para protección, existimos en él pero nos protegemos del trauma que conlleva. Y me pregunto si, debajo de nuestras dudas, bien en el fondo, se encuentra la sospecha de que Dios tampoco es seguro. Que es igual al padre que nos abandonó, a la madre que se olvidó de cuidarnos, al amigo que no nos escuchó y a las personas en posiciones de poder que se abusaron de nosotros. Así que, cuando Dios se revela como nuestro Padre celestial, un amigo fiel y nuestro Señor, no renunciamos al control, rindiendo nuestra voluntad, porque hemos proyectado equivocadamente sobre Dios la naturaleza de aquellos que han pecado contra nosotros. Vemos el cielo a través de la lente de la tierra. Discernimos a Dios a través de la lente del temor.

Óyeme bien: las palabras y las obras de Dios son confiables porque es imposible que Dios peque contra ti. Si pudiera hacerlo, no sería Dios. Hay una bondad sin mancha en Jesús, el Salvador inmaculado, el Cordero puro. Creer cualquier otra cosa implica imaginar a un ser absolutamente distinto. «No puede actuar de manera contraria a esta bondad en cualquiera de Sus acciones, tanto como no puede despojarse de Su condición de Dios».[10] Como es Dios, y un Dios santo, es siempre bueno en todos Sus tratos con nosotros. Siempre. Es decir, en todo momento, en forma constante y perpetua, día y noche. «Él es la Roca, sus obras son perfectas, y todos sus caminos son justos. Dios es fiel; no practica la injusticia. Él es recto

---

[10] Charnock, *Discourses upon the Existence and Attributes of God*, 224.

y justo» (Deut. 32:4). Considera la ley otra vez, y cómo revela la naturaleza de Dios. Lo que Dios mandó, Él mismo lo personifica. Dios honra (Ex. 20:3-12, RVR1960). Dios da vida (v. 13). Dios cumple el pacto (v. 14). Dios toma lo que le pertenece y también lo entrega (v. 15). Dios dice la verdad (v. 16). Dios está satisfecho, jamás necesita nada. Lo único que codicia es nuestro corazón, tenerlo por completo (v. 17). La perfección de Dios es en realidad lo que más queremos en nuestro prójimo. Deseamos una medida de integridad y amor cordial que a veces hemos visto en el santo más santo, pero observemos al Santo. En Su perfección, lo único que puede ser para con nosotros es bueno, bueno *para* nosotros.

Aun cuando llega el sufrimiento, tentándonos a maldecir a Dios y morir (Job 2:9), recuerda al Dios en el cual tu sufrimiento fue tenido en cuenta. De Él, se dice: «Nos hace sufrir, pero también nos compadece, porque es muy grande su amor» (Lam. 3:32). Aun cuando duele, no es como si Dios cambiara de alguna manera, volviéndose cruel o infligiendo dolor sin un propósito. Cuando todo colapsa sobre sí mismo, Dios no te dejará para que recojas los pedazos solo. Como el Dios santo, está presente en medio de nuestro dolor con la promesa firme de redimirlo para nuestro bien. «Ahora bien, sabemos que Dios dispone todas las cosas para el bien de quienes lo aman, los que han sido llamados de acuerdo con su propósito» (Rom. 8:28). Su trascendencia hace que esta promesa sea posible. Si Él fuera un derivado del mundo, cada circunstancia difícil vendría sin una correa. Dios es independiente de ella y soberano sobre ella.

Ahora, esto no sería nada para alabar si el Soberano careciera de compasión; de amor; de santidad natural. ¿De qué nos serviría saber que tiene poder pero no el impulso de usarlo para el bien? Sin embargo, nuestro Dios no es ningún político, con autoridad pero sin justicia. Cuando dejó el cielo, participó de toda clase de sufrimiento, algo que tal vez nunca entendamos del todo. El último golpe fue cuando el Padre derramó sobre Su Hijo inocente la copa de ira en favor nuestro. Esto quiere decir que Jesús no ignora nuestro sufrimiento ni carece de poder debido a nuestro sufrimiento, sino que lo conoce bien. Lo suficientemente bien como para ofrecer empatía, sí, pero al haber vencido, también puede darnos esperanza. Tal como lo expresa 1 Pedro 5:10-11: «Y, después de que ustedes hayan sufrido un poco de tiempo, Dios mismo, el Dios de toda gracia que los llamó a su gloria eterna en Cristo, los restaurará y los hará fuertes, firmes y estables. A él sea el poder por los siglos de los siglos. Amén».

Cuando haya una tormenta, cree en Dios. Cuando haya calma, cree en Dios. Él es demasiado santo como para engañar. Demasiado santo como para llevar a cualquier parte que no sea a la verdad. Cuando Dios te dice que deposites «en él toda ansiedad, porque él cuida de [ti]», no está mintiendo (1 Ped. 5:7). No se halló engaño en Su boca entonces; búscalo ahora y tan solo encontrarás luz. Podemos confiarle nuestras preocupaciones porque un Dios santo no puede ser un Dios apático.

¿Cómo puedo decir esto? Volvamos a mirar a Jesús; esta vez, en un barco. Cuando las aguas amenazaron con tragarse todo el barco, los discípulos cuestionaron la compasión del Salvador que dormía, y le dijeron: «¡Maestro! [...] ¿no te importa que nos ahoguemos?» (Mar. 4:38). Es gracioso cómo funciona la incredulidad. Cómo los hizo pensar que a Jesús no le importaban sus vidas, cuando en primera instancia, había venido a la tierra a salvarlos. Al igual que ellos, estamos en barcos azotados por las aguas. Sobre la tierra, somos el extraño que se desangra al costado del camino. Nuestra única esperanza es que alguien manso y humilde calme la tormenta y sane nuestras heridas y lleve nuestro yugo. Mira la cruz y cree en el Señor que está sobre ella. Es más grande que el gran samaritano. Se interesa al punto de la muerte, así que cree lo que dice, entrégale tus cargas e intercámbialas por Su paz. Cuando Dios te dice que tu vida se perderá si intentas salvarla por tu cuenta, pero que perderla por Su causa es el lugar donde la hallarás, créele. Cristo no permitirá que encuentres vida de ninguna otra manera, porque no hay ninguna otra manera. Los demonios te dirán que es posible vivir sin Dios, pero la realidad es que Cristo nos dijo que fuera de Él no hay vida. Cuando la multitud se fue para ir a buscar vida donde no hay ninguna, Jesús les preguntó a los discípulos si también querían irse. Pedro dijo: «Señor [...], ¿a quién iremos? Tú tienes palabras de vida eterna. Y nosotros hemos creído, y sabemos que tú eres el Santo de Dios» (Juan 6:68-69). Pedro descubrió que el Santo no podía mentirles. Que Sus palabras son ciertas y deben creerse. Que donde Dios está, también hay vida.

Cuando Dios dice que si pides, te será dado, que si buscas, hallarás (Luc. 11:9), créele. Pedir puede parecer algo trivial si crees en un Dios que no responde cuando se le pide, como si escuchara que alguien llama a la puerta pero lo ignorara. Dios no es como nosotros en este sentido, que vemos las necesidades de los demás y pasamos a la siguiente publicación, no aceptamos la llamada, negamos el alivio. Dios no es un ídolo, un ser que no puede hablar cuando se le habla, escuchar cuando se ora a Él, y actuar cuando se le pide. En el Monte Carmelo, la diferencia entre Dios y los ídolos se manifestó en la falta de vida de uno, y por lo tanto, en su incapacidad de responder oraciones. A Baal, clamaron diciendo: «¡Baal, respóndenos!». ¿El resultado? «Pero no se escuchó nada, pues nadie respondió» (1 Rey. 18:26). El Dios santo tiene vida en sí mismo, y siempre sabe lo que necesitamos, incluso antes de que se lo pidamos. Tú oyes porque Él puede oír. Hablas porque Él siempre habló. Llevas Su imagen, ¿recuerdas? La capacidad de comunicarse empezó cuando Él te hizo para sí. Quita de tu mente la mentira de que Dios no escucha, habla o actúa cuando se lo pedimos. Siempre está vivo. Responde toda oración. A veces, con un «sí». Otras, con un «no». Muchas veces, con un «espera». Y las tres son respuestas. Las tres están gobernadas por una sabiduría trascendente, para nuestro bien, siempre.

¿Qué más deberíamos esperar del Santo? El Dios santo que es bueno, todo el tiempo. Todo el tiempo, el Dios santo es bueno. Este Dios es digno de que le creamos.

Capítulo 3

Santo, santo, santo: Trascendencia

MOISÉS NUNCA HABÍA VISTO algo similar. Había ido al desierto sin esperar nada nuevo. Tan solo zarzas desparramadas aquí y allá, como siempre. Esta vez, una de la zarzas a las cuales normalmente no les habría prestado atención estaba en llamas. Cualquier otro día, si una zarza se prendía fuego, se consumía. Lo único que habría quedado hubiera sido el olor a humo por encima de sus propias cenizas. Pero la zarza que ardía ahora era distinta, extraña en todo sentido. Ardía y conservaba la misma forma. Si había algo de humo, no provenía de las ramas en sí, sino de la misma llama, ya que el fuego era independiente de la zarza dentro de la cual bailaba. A Moisés le llamó la atención esta zarza que ardía sin consumirse. Se quedó mirándola y se preguntó por qué.

Entonces, se escuchó la respuesta.

Cuando el Señor vio que Moisés se acercaba a mirar, lo llamó desde la zarza: —¡Moisés, Moisés!

—Aquí me tienes —respondió.

—No te acerques más —le dijo Dios—. Quítate las sandalias, porque estás pisando tierra santa. Yo soy el Dios de tu padre. Soy el Dios de Abraham, de Isaac y de Jacob. Al oír esto, Moisés se cubrió el rostro, pues tuvo miedo de mirar a Dios. (Ex. 3:4-6)

Aquí en Éxodo 3, la zarza ardía sin consumirse debido a quién estaba presente en ella. Era la revelación del Dios trascendente. La trascendencia, como ya vimos brevemente, es la «otredad» de Dios. Él es infinitamente distinto. Ontológicamente apartado. Único. Trasciende todas las categorías, a menos que la categoría tenga el nombre de Dios por encima, y al costado, como contraste, esté todo lo demás. Todo, es decir, todo lo que existe. Dios no es tan solo una versión mejorada de los humanos. No es trascendente solo porque sabe más que nosotros. No. Cuando hablamos del conocimiento trascendente de Dios, por ejemplo, no se trata de que Él sabe más, sino de que sabe todo, y para saber todo, tiene que tratarse de un Ser que existe de una manera que ninguna otra criatura puede o podrá jamás.

Isaías hizo la pregunta, retórica, por supuesto: «¿A quién consultó el Señor para ilustrarse, y quién le enseñó el camino de la justicia? ¿Quién le impartió conocimiento o le hizo conocer la senda de la inteligencia?» (Isa. 40:14). Piénsalo. Y no importa lo que hayas pensado, ya sea que se trate de la formación de una serie de preguntas o el recuerdo de lo que ya sabías sobre Dios como omnisciente, recuerda cuándo lo descubriste. Este conocimiento de Dios, o de cualquier cosa en realidad, no fue innato. Lo único que sabías cuando naciste era nada. A través de la guía de tus padres, la enseñanza de tus maestros, tus ojos, tu estudio, etc., pudiste hacer lo que todos los seres humanos *deben* hacer: aprender. Sin embargo, Dios nunca necesitó instrucción. Si así hubiese sido, ¿quién se la habría dado?

Antes de este libro —del papel, de las manos que lo escribieron, de la madre que dio a luz a la autora, de las madres antes que ella que lavaron bebés, verduras, de los campos de algodón y el entarimado de madera africana—, mucho, mucho antes de todo esto, estuvo la tierra, un jardín, muchos árboles, uno prohibido, dos personas, una creada primero, la otra después, ambas a imagen de un Dios en tres personas que estaba allí antes de todo. Pero entonces, antes de todo, cuando el Dios trino existía consigo mismo, ¿quién podría haberlo aconsejado sobre cómo crear la luz? ¿De qué otra fuente sino de Él mismo, habría podido tomar nota, sentado en una silla y con papel y lapicera en mano, para crear el universo? ¿Darwin? ¿Sócrates? ¿Platón? ¿Aristóteles? ¿Einstein? ¿Hawking? ¿Google? ¿Twitter? ¿Tú? Dios está absolutamente separado, pero no al punto de ser inalcanzable e imposible de conocer, sino separado de nosotros en cuanto a Su manera de existir. Como el único Dios, no hay otro como Él. Su singularidad es lo que lo define como santo porque, como ya vimos, la palabra misma significa «cortar» o «separar». Está por encima de nosotros en Su mismísimo *ser,* absolutamente diferente de nosotros y en Su manera de existir.

Las definiciones de la santidad de Dios a menudo han girado alrededor de la perfección moral de Dios, algo que exploramos en el último capítulo, lo cual, como ya vimos, no está excluido del significado pero tampoco es exclusivo. En lo que se refiere a nuestra definición de la santidad de Dios, estaríamos acertados en incluir la justicia de Dios, pero junto con eso, está también Su «otredad». R. C. Sproul declaró: «Cuando la Biblia llama "santo" a Dios, significa en principio que Dios está trascendentalmente separado. Está tan por encima y más allá de nosotros que parece casi completamente ajeno a nosotros. Ser santo es ser "otro", ser distinto de una manera especial».[1]

---

[1] R. C. Sproul, *The Holiness of God* (Carol Stream, IL: Tyndale, 1985), 48.

Me parece que, al destacar las repercusiones éticas de lo que significa *santo* y no prestar la debida atención a la naturaleza trascendental del término, los teólogos han dejado espacio para que nuestra comprensión de la santidad sea demasiado estrecha, eliminando una medida de asombro y posiblemente otras razones para ser fieles.

Volviendo a la zarza que no se consumía, ¿cómo se puede observar la trascendencia de Dios? Podemos verla en que la planta permanecía intacta. Moisés vio una zarza, y dentro de ella, una llama. El fuego no se extendió a las ramas ni a las hojas; *ardía sin ayuda alguna.* La zarza contenía la llama, pero la llama no dependía de la zarza. Si hubiera sido una zarza encendida por cualquier otra cosa que no fuera Dios, el fuego *necesitaría* de la zarza como combustible, para subsistir. Cada llama derivaría su fuente de energía que requiere de lo que quema. Cuando algo se prende fuego, ya sea papel o árboles en un bosque, el fuego existe solo por el objeto que quema, y existirá siempre y cuando lo que arde exista. Una vez que esto se consume, el fuego se apaga, revelando cuánto lo necesitaban las llamas en primer lugar. Pero esta zarza ardía sin consumirse, porque el Dios que se manifestaba en ella no necesitaba las hojas, los tallos ni las ramas como combustible. Solo se necesitaba a Él mismo. Lo mismo sucedía con la llama. No dependía de la zarza, porque era absolutamente independiente de ella.

¿Qué debemos discernir de esta teofanía (una manifestación visible de Dios, anterior a la encarnación)? ¿Qué revela? Que Dios es el epítome de la independencia. Es libre en el mayor sentido de la palabra. Esto significa que es libre de la necesidad de cualquier otra cosa que Él mismo para *ser*. Esta es una diferencia fundamental entre todas las cosas y Dios; porque ¿qué más podemos nombrar que no dependa de algo o de alguien para vivir? La dependencia es típica de la criatura. Todo lo que *existe* necesita algo fuera de sí mismo para empezar y continuar. El mismo hecho de que todos tengamos un principio nos distingue del Yo Soy, que tiene vida en sí mismo. Se hace la pregunta: «¿Quién creó a Dios?». La respuesta es que Dios no fue creado ni puede ser creado; Él es porque es. Antes del principio, ya era. Y después del final, será.

En la primera frase de la primera página del primer libro de la Palabra de Dios, leemos: «Dios, en el principio, creó los cielos y la tierra» (Gén. 1:1). El principio salió de alguna parte. De Alguien que debía existir antes de que todo lo demás pudiera hacerlo. Lo que nos dice esto sobre Dios es que existe en sí mismo. Está vivo, no por aliento prestado, sino sustentado por la vida que tiene en sí mismo. Dios no es un derivado de nada, ya que todo deriva de Él. Lo único que puede dar es lo mismo que Él es, lo cual significa que, cuando el mundo y el tiempo y las estrellas y el sol

—y el primer hombre que lo vio brillar junto a la primera mujer que lo hizo reír— fueron creados, su vida salió de la de Él. Al ver que tiene vida y poder creativo para hacer y sustentar todo lo que existe, comparemos a Dios con nosotros y veamos cuán diferentes somos. Para crear cualquier cosa, necesitamos ayuda. Un escritor necesita un papel o una MacBook, además de una mente con recuerdos dados y ordenados por alguien y no por la casualidad. Dios tan solo se necesita a sí mismo. Como Dios, no depende de Su creación para hacer nada. Es distinto de ella, y por lo tanto, es imposible controlarlo, desafiarlo o intimidarlo. Si todos los mares del mundo se retorcieran para formar un huracán lo suficientemente alto como para llegar a las nubes, lo suficientemente ancho como para cubrir mil ciudades, sus rodillas igual se doblarían y terminarían quebrándose ante la orden de Dios: «Calma». Además, los mares no podrían retorcerse sin que Dios lo mandara o permitiera, como si tuvieran algún tipo de capacidad para conspirar contra Dios o cierta vida interior propia aparte de Su palabra que los sostiene unidos. No pueden moverse ni un centímetro sin que Él lo autorice o sin Su conocimiento, bajo Su mirada alerta y Su soberanía divina. ¿Qué puede hacerle el mundo al Dios que lo formó?

Ser autoexistente e independiente tiene más repercusiones que no tengo el tiempo de explicar aquí, pero otra digna de nuestra atención es la manera en que este Dios autoexistente e independiente no tiene ninguna necesidad. «El Dios que hizo el mundo y todo lo que hay en él es Señor del cielo y de la tierra. No vive en templos construidos por hombres, ni se deja servir por manos humanas, como si necesitara de algo. Por el contrario, él es quien da a todos la vida, el aliento y todas las cosas» (Hech. 17:24-25). La autosuficiencia de Dios significa que no le falta nada. Es inmutablemente pleno. Tozer declaró: «Admitir la existencia de una necesidad en Dios es admitir que algo está incompleto en el Ser divino. La necesidad es una palabra para las criaturas, y no se puede usar con el Creador. Dios tiene una relación voluntaria con todo lo que ha hecho, pero no tiene una relación necesaria con nada fuera de Él mismo. Su interés en Sus criaturas surge de Su soberana buena voluntad; no de cualquier necesidad que puedan suplir esas criaturas ni de cualquier plenitud que puedan aportarle a Aquel que está completo en sí mismo».[2] Si las rocas reemplazaran la alabanza de millones que optaran por retener su amor o callar su adoración, esto no dejaría vacío a Dios, como si necesitara nuestra alabanza para estar completo. Si es que imaginamos a un Dios que nos necesita para algo,

_____

[2] A. W. Tozer, *The Knowledge of the Holy* (Nueva York: HarperCollins, 1978), 32.

estamos soñando con un ídolo, y no con el «Yo soy el que soy» (Ex. 3:14).

No hay nadie como el Señor

Durante siglos, los cristianos han sabido que Dios es Dios, incomparable con cualquier otra cosa que no sea Él mismo. Lo ponemos en nuestros credos, lo cantamos en nuestras canciones. Los santos que vinieron antes que nosotros coincidían con la realidad cuando decían: «No hay nadie como Jesús», o «Nadie como tú, Señor». Ambas confesiones salieron de una comparación fiel, hecha con recuerdos y observaciones que se colocaron junto a las Escrituras. Pusieron a Dios junto a todo para ver cómo la diferencia entre ambas resultaba en una alabanza inmediata enviada al Santo. No se trata de las meditaciones de un romántico teológico. Es un testimonio compartido de los salmistas y los profetas que escribieron canciones y alabanzas sobre la trascendencia de Dios mucho antes que nosotros.

Digámoslo otra vez: «No hay nadie como Jesús». Y la Escritura concuerda. Hay momentos en los que Dios, para mostrar la absoluta futilidad de la idolatría, le dice a Israel: «¿Con quién compararán a Dios? ¿Con qué imagen lo representarán?» (Isa. 40:18), y «"¿Con quién, entonces, me compararán ustedes? ¿Quién es igual a mí?", dice el

Santo» (Isa. 40:25). En oraciones pidiendo liberación, los salmistas suelen apelar a la cualidad única de Dios —Su trascendencia— como *razón para confiar* en que vendrá en su ayuda: «Oh Dios, tú has hecho grandes cosas; tu justicia llega a las alturas. *¿Quién como tú*, oh Dios?» (Sal. 71:19, énfasis añadido). Y «No hay, Señor, entre los dioses *otro como tú*, ni hay obras semejantes a las tuyas» (Sal. 86:8, énfasis añadido). ¿Cuándo fue la última vez en que la trascendencia o la santidad de Dios fue tu única razón, tu única motivación para confiar en Él?

No solo vemos la trascendencia en la boca de los adoradores o al frente de las oraciones que piden ayuda a Dios. Después de que Dios salva, como fue el caso de la liberación divina de Israel al salir de Egipto, se vuelve a brindar una alabanza posterior al hecho por la singularidad de Dios, al ver que no hay nadie que pueda hacer las cosas que Dios hace, como lograr que toda una comunidad de personas atraviesen caminando un mar por tierra seca. Entonces, parece adecuado adorar a Dios diciendo: «¿Quién, Señor, se te compara entre los dioses? ¿Quién se te compara en grandeza y santidad? Tú, hacedor de maravillas, nos impresionas con tus portentos» (Ex. 15:11).

Los salmistas y los profetas no eran sentimentales al insistir en que Dios es absolutamente diferente; eran doctrinales. Si no sabían nada, al menos sabían que en el principio Dios creó los cielos y la tierra, y tan solo ese hecho separaba a Dios como un Ser por encima y más allá de los cielos y la tierra que Él mismo había creado, lo cual incluye todo lo que hay en ellos. Por más incomparable que sea Dios, me parece que un problema que tenemos los humanos es que nos hemos acostumbrado tanto a la idea de Dios que lo tratamos como algo común y corriente. Creo que esa es nuestra actitud por defecto. Tratar a Dios como algo común y corriente tal vez sea una respuesta natural cuando ignoramos lo que Dios ha revelado sobre sí mismo. Incluso en el caso de Moisés, si no le hubiese dicho que no se acercara, se habría acercado. Se le tuvo que indicar cómo aproximarse a Dios, a no acercarse demasiado, a quitarse los zapatos y respetar el terreno santo que estaba pisando. Lo mismo sucedió con Israel, al cual se le advirtió que no tocara la montaña sobre la cual Dios había descendido, porque si no todos morirían después de esa irreverencia. Si no hay asombro, corremos el velo con demasiada rapidez y ni notamos la falta de respeto. Entramos al lugar santísimo y tratamos el propiciatorio como si fuera un taburete. El Padrenuestro empieza de tal manera que, si uno lo considera un instante, tal vez decida no decir nada directamente. «Padre nuestro que estás en los cielos, santificado sea tu nombre»

(RVR1960). Alrededor de Él, los serafines se niegan a mirar. Ante Él, Isaías confesó. Al verlo, Isaías cayó sobre su rostro. Frente a Él, Juan cayó a Sus pies como hace un cuerpo una vez que el alma se va.

El Dios santo no es un ser común y corriente. Su trascendencia es tal que Ezequiel se quedó sin palabras cuando intentó explicar su visión de Dios. Escucha su intento desesperado por describirlo, en Ezequiel 1:26-29 (énfasis añadido):

> Por encima de esa bóveda había algo *semejante* a un trono de zafiro, y sobre lo que *parecía* un trono había una figura de aspecto humano. De lo que *parecía* ser su cintura para arriba, vi algo que brillaba *como* el metal bruñido, rodeado de fuego. De su cintura para abajo, vi algo *semejante* al fuego, y un resplandor a su alrededor. El resplandor era *semejante* al del arco iris cuando aparece en las nubes en un día de lluvia. Tal era el *aspecto* de la gloria del Señor. Ante esa visión, caí rostro en tierra y oí que una voz me hablaba.

De todas las palabras que tenía a su disposición, no podía encontrar ninguna adecuada para lo que veía. Lo único que se le ocurrían eran comparaciones, dependiendo del término *semejante* como un reemplazo para lo que no podía describir con precisión. ¿Qué otro ser conoces que trascienda el lenguaje? ¿A quién no se lo puede identificar de manera específica a veces? No considerar la trascendencia en nuestra idea de Dios nos lleva a otro error de concepción respecto a Él. Como Dios es único y de una clase singular, hay momentos en los cuales, en un esfuerzo por entenderlo o explicarlo, tomamos el atributo de Dios que más se parezca a nosotros y transformamos nuestra experiencia humana en la lente a través de la cual vemos a Dios. Usemos el atributo del amor, por ejemplo. Amamos el amor de Dios, como bien deberíamos. Porque, sin él, todos estaríamos encerrados entre nuestra carne opresiva y la condenación eterna que nos espera como consecuencia. Somos propensos a amar los atributos divinos con los que más podemos identificarnos en nuestra humanidad y cultura; posiblemente, esta sea la razón por la cual el amor de Dios se estima más que Su santidad en nuestra época. Entendemos el amor. ¿La justicia? No tanto. David Wells declaró: «Suponemos que sabemos qué es el amor de Dios porque se conecta con nuestra experiencia de una manera distinta a muchos de Sus otros atributos. ¿Y por qué es esto? La respuesta, evidentemente, es que en nuestra experiencia, no existe un paralelo con muchos otros de los atributos divinos, como

Su eternalidad, omnipresencia, omnisciencia y omnipotencia. Pero sí existe con Su amor».[3]

El amor es algo en común que todos compartimos. La primera vez que lo experimentamos fue a través de la persona que nos cambiaba el pañal, doblaba la espalda para asegurarse de que nos paráramos derechos, nos vestía y llenaba nuestro estómago, hasta que tuvimos la edad suficiente para servirnos nuestro propio plato. De ahí en más, nos diseminamos por el país poniendo en práctica el amor que heredamos con amigos y personas que transformamos en algo más que amigos. Con ansiedad, esperamos el día en que nuestros amantes usaran palabras que nos expresaran la reciprocidad de su amor. Ah, sabemos bien lo que es amar y que nos amen, pero ¿qué sucede cuando nuestra hermosa experiencia se transforma en el marco principal mediante el cual entendemos a Dios? Lo que sucede es lo siguiente: Cuando leemos la frase: «Dios es amor» desconectada de una comprensión fundamental de que Dios es «santo, santo, santo», interpretamos el texto con nuestras experiencias como el comentario. Usamos nuestra vida como una referencia cruzada, hacemos una exégesis de Dios según nuestro mundo e inevitablemente terminamos con

_____

[3] David Wells, *God in the Whirlwind* (Wheaton, IL: Crossway, 2014), 79.

un dios hecho a nuestra propia imagen, y después esperamos que se comporte como nosotros.

Como seres finitos, nos cuesta confiar en cualquier
cosa que no se acomode a nosotros de alguna manera;
como un atributo de Dios, la santidad nos resulta demasiado fuera de nuestro alcance. El amor nos parece algo
seguro, tangible, bueno. Lo hemos tocado con nuestras
manos, deslizado por nuestros dedos como un anillo de
bodas en busca de un hogar. Tiene sentido que queramos
que Dios sea el mejor amor que conocemos, y en cierto
sentido, lo es. Pero como es un ser trascendente y por lo
tanto único, diferente, distinto, incomparable e independiente de la tierra, las personas, los sentimientos y los
sucesos que definen el amor para nosotros son espejos
inadecuados donde encontrar a Dios. Nuestros padres, amigos y amantes nos dieron el grado de amor que podían
regalar, y cuando lo abrimos, todos descubrimos a través de
una madurez cansada o una desilusión lo inconsistente que
era. Lo mejor que podían hacer nunca era suficiente, sin
importar cuán sincero fuera, porque todo su amor estaba
contaminado y torcido por un corazón endurecido, y su
procedencia de criatura lo transformaba en un sustituto
insuficiente del amor de Dios.

Imagina lo insensatos que somos que crecemos en un
mundo de un amor parcialmente desarrollado, formado por

la sangre y el trauma generacional de Adán, y terminamos considerando que así debería ser Dios. Con razón nuestra alma es tan gris y estéril. En nuestro intento de encontrarle sentido a Dios a través de nuestra lente humana, en realidad bajamos nuestra expectativa sobre lo que Él es. Como nos frustra Su incapacidad de ser débil, queremos que Dios sea igualito a nosotros porque, tal vez así, la fe no sería algo tan pesado. Pero Él no puede hacerlo ni lo hará, porque es demasiado santo como para parecerse a cualquiera que no sea Él mismo.

El Dios trascendente

Dios es absolutamente distinto de cualquier ser que hayas conocido o conozcas jamás. No se lo puede comparar con nadie. Sus caminos no son nuestros caminos, y Sus pensamientos no son nuestros pensamientos. Literalmente. «Mis caminos y mis pensamientos son más altos que los de ustedes; ¡más altos que los cielos sobre la tierra!», dice el Santo en Isaías 55:9. Miras la tierra y ves un hogar para tus plantas; Él la miró y supo que le pondría por nombre Adán. Anoche, antes de que el sol respondiera al mandato de Dios de levantarse, la parte oscura del mundo descansaba mientras Él ni dormía ni se adormecía. Dios no necesita dormir. Su poder proviene de Él mismo, interminable, sin ninguna carencia. Por eso podemos acercarnos y pedirle, y confiar en Él y rogarle que nos dé capacidad, poder o paz, incluso en medio de la noche. Es el único que lo tiene como para darlo. Además, la sabiduría y la otredad desplegadas en Su evangelio son de otro mundo. A través de la sabiduría, lo que Dios puso en marcha como criterio para el perdón es sin duda increíble. Con Alá, junto con el dios de Joseph Smith (mormonismo) y Charles Taze Russell (Testigos de Jehová), por nombrar apenas algunos, el cielo solo se puede alcanzar mediante las obras. Lo cual, al considerar la mente humana, tiene sentido que un dios creado a nuestra imagen requiera que sus siervos trabajen, se esfuercen y se afanen para ganarse el perdón que nos elude a todos. La gracia no es algo que entendamos o extendamos en la práctica. Es un concepto extraño que nos llega a través de Jesús. Él es la personificación del cielo en la tierra para que los culpables puedan ser declarados inocentes según la gracia y solamente la gracia. Aun en esto, el Dios trascendente no está velado para nosotros. La gloria en la nube baja lo suficiente como para que echemos un vistazo detrás del humo. Toda religión falsa y el dios que representa se revela como una religión que nace de la tierra en su manera de ofrecer la salvación solo a aquellos que se la merecen. Pero el Dios que no tiene comparación, que tiene toda sabiduría, al usar lo que el mundo percibe como locura, hizo lo impensable. Obró de tal manera que el único objeto que tienen los inmerecedores para ofrecer a cambio del perdón es la fe. Determinar la salvación de esta manera es incomprensible, sí, y por cierto, es santo. Separado. Distinto de la manera en que cualquier otro dios establecería el camino a la redención. «¿Qué Dios hay como tú, que perdone la maldad y pase por alto el delito del remanente de su pueblo? No siempre estarás airado, porque tu mayor placer es amar» (Miq. 7:18). No hay ninguno como Él, Miqueas. Ninguno.

Otra razón por la cual Dios difiere de todo lo creado es que es inalterable, o «inmutable», como dirían los teólogos. Sobre Él mismo, declara: «Yo, el Señor, no cambio» (Mal. 3:6). Todo lo que nos rodea es inconstante. Todo está en un estado permanente de transformación. A medida que el tiempo progresa (cambia), nos ajustamos, nos desarrollamos, cambiamos, nos transformamos. Tanto para bien como para mal. Tal vez no nos guste cómo afecta la mutabilidad nuestra cintura o el brillo de nuestro rostro, pero es un regalo que nos es dado para cambiar, porque sin eso, la santificación en sí sería imposible. Si se le permite hablar más de la cuenta, la incredulidad te dirá toda clase de cosas sobre la naturaleza inmutable de Dios. Cuando la vida se complica, tal vez te veas tentado a creer que Dios ha cambiado porque tus circunstancias cambiaron, pero si ese fuera el caso, Él no sería Dios; serías tú. Así es el camino del hombre inconstante. Confía en Dios el martes por la mañana y duda por la tarde. Supone que aquello que lo hacía digno de confianza ya no es perfecto en Él, como si solo fuera bueno a veces. Las perfecciones de Dios no crecen ni menguan. Con Él, «no hay mudanza, ni sombra de variación» (Sant. 1:17, RVR1960). No hay estabilidad más grande en todo el universo creado que en Dios.

Debo decirlo otra vez: «No hay nadie como tú, Señor». Nadie es Creador sino Dios. Nadie tiene todo poder sino Dios. Nadie conoce el principio y el final todo al mismo tiempo más que Dios. Nadie posee absoluta sabiduría más que Dios. Nadie puede perdonar pecados sino Dios. Nadie puede garantizar vida eterna sino Dios. Nadie está exento de rendir cuentas a otro sino Dios. Nadie es inmutable sino Dios. Nadie es bueno sino Dios. Entonces, ¿con quién podemos compararlo, más que con Él mismo? Tan solo cuando nos volvemos *como* Él, podemos entonces ser considerados distintos del mundo en el cual vivimos, pero Él no necesita acercarse a nadie para ser único; ya lo *es*.

Capítulo 4

Dioses impíos: Idolatría

Aquello que nos viene a la mente cuando pensamos
en Dios es lo más importante sobre nosotros.

ESO FUE IDEA DE A. W. Tozer, no idea mía.[1] Pero quería empezar este capítulo con su frase porque es reveladora; en especial, cuando se expresa como pregunta. Si el señor Tozer hubiera preguntado: «¿Qué te viene a la mente cuando piensas en Dios?», la respuesta, si no estuviera dominada por el autoengaño, diría mucho sobre ti. Y posiblemente, sobre el porcentaje de tu persona que está enamorado de una mentira.

Lo que pensamos sobre Dios y lo que creemos sobre Él no siempre se parecen, aunque así nos gustaría que fuera. Queremos mirarnos al espejo y ver el mismo rostro, pero

---

[1] A. W. Tozer, *The Knowledge of the Holy* (Nueva York: HarperCollins, 1961), 1.

lo caído de todo implica que hay contradicciones invisibles por todas partes. *Decimos* que Dios es santo, tal como este libro pretende mostrar, pero hay pequeños dioses, a los cuales tal vez hayamos nombrado o no, que se han ganado esa atribución mediante nuestra fe mal dirigida en ellos. Digo esto porque, cuando indagas en el *porqué* de nuestras distintas formas de idolatría, el lenguaje que se usa describe algo santo, y la expectativa del adorador se parece a la fe.

Una ilustración del Antiguo Testamento de esto sucedió al pie de una montaña. El pueblo de Dios, engañado por la impaciencia, molesto porque Moisés seguía en la cima con Yahvéh, le pidió a Aarón que le hiciera dioses. La primera evidencia de que su esperanza no era santa quedó clara en sus propias palabras: *hacerles* y *dioses.* Las dos palabras deberían habérseles atragantado en la garganta seguidas de tos, un estornudo, hipo o alguna reacción corporal que mostrara la ridiculez del asunto. Por definición, un dios real no puede *ser hecho*; un dios real *hace,* y al hacerlo, prueba su aseidad. Esa es una palabra elegante que resume la autoexistencia de Dios. Él es un ser no creado y, por lo tanto, sustentado por nada más que por Él mismo. Como ya mencionamos, Su vida es suya, no prestada ni dada a través de ningún otro medio. Es tan ilimitado como la inmensidad del cielo. El mismísimo cielo azul que hizo sin la ayuda del cielo. El universo es obra de Su mano solamente. Sus manos están a Su disposición para fortalecerlo, si alguna vez lo necesitara, pero no es así, porque un Dios verdadero no tiene necesidades (Hech. 17:25). Es irónico que muchas veces he proyectado un espejismo de ausencia de necesidad sobre otros, lo cual *igual* me muestra a mí operando desde mi necesidad inherente. El deseo de autopreservación o protección. A Dios le importan las dos cosas. No puede existir de ninguna otra manera que como siempre ha sido, el único autosuficiente. Así que, cuando decide hacer algo, no lo hace para llenar un vacío, sino para permitir que todo lo que Él es sea conocido por otro.[2] Existir de manera completamente independiente y categóricamente distinta de todo lo que ha creado (trascendencia santa, como hemos visto), le permite operar libremente con Su creación. Puede salvar, librar, escuchar, responder, consolar, impedir, transformar, crear, destruir, cuándo y cómo decide. A diferencia de un becerro *hecho*... de oro.

Los hijos, las esposas, todos se quitaron los accesorios brillantes y dorados de las orejas. Se sacaron los anillos de

---

[2] Para más sobre este concepto, ver *Delighting in the Trinity* [Nuestro deleite en la Trinidad], de Michael Reeves; en particular, el capítulo 2, titulado: «*Creation: The Father's Love Overflows*» [La creación: el amor del Padre se derrama] (Downers Grove, IL: 2012), 39-62.

los dedos, mirando fijamente cada uno al entregárselos a Aarón, anticipando qué dios haría del mismo metal egipcio que habían usado para embellecerse. Habían decidido que las joyas, cuando se derritieran y se modelaran para formar una vaca, podían ser para ellos lo que Yahvéh ya había demostrado ser. Querían a un dios que fuera «delante de ellos», a pesar del reciente recuerdo de la nube de día y el fuego de noche. Su Dios se había parado en medio de Egipto e Israel, como protección de la mano dura del faraón (Ex. 14:19-20). Cuando el sol salía, Dios iba delante de ellos en una columna de nube, guiando cada uno de sus pasos hacia un lugar intencional. La noche podía llegar con la misma rapidez que la mañana, cuando el sol se ponía, pero allí para mitigar la oscuridad, había una columna de fuego (Ex. 13:21-22). Útil como fuente de calor, reconfortante. Una luz, un líder. Si querían guía y protección —un deseo necesario y sin pecado, en realidad—, sabían exactamente en quién confiar para recibirlos. Pero el salmista describió: «Cambiaron al que era su motivo de orgullo por la imagen de un toro que come hierba. Se olvidaron del Dios que los salvó y que había hecho grandes cosas en Egipto» (Sal. 106:20-21, RVR1960).

La idolatría siempre supone un intercambio. Es el acto de un mago en el cual se intercambia lo santo por lo profano. Lo único por lo común. Lo trascendente por lo terrenal.

El Creador por la criatura. Intercambiar la verdad sobre Dios por una mentira, como Pablo lo expresa, lleva a la adoración a otra criatura, a gloriarse en algo creado (Rom. 1:25). Y como he dicho de otra manera, las cosas creadas que se tratan como un dios o ídolos no son santas en sí mismas. A todas les falta ese valor trascendental y la pureza moral que Dios posee en sí mismo. Es interesante pensar en esto. Cómo, en nuestra búsqueda de un dios inventado, siempre nos vemos obligados a adorar a alguien o algo que existe de la misma manera que nosotros, con la expectativa inútil de que pueda darnos algo que está fuera de su alcance.

El deseo de Israel era que el becerro de oro tomara la iniciativa para llevarlos donde estaban la leche y la miel, protegiéndolos en el camino. Pero recuerda que el becerro de oro no era un dios en realidad, y debido a su constitución, tampoco era trascendente como el Dios real. Durante el día, Dios tenía la habilidad de presentarse como una nube. Por la noche, como un fuego. Ninguna criatura puede trascender su propio ser ni el cuerpo en el que vive, pero Dios no es como nosotros; nada lo contiene, ni el cielo ni la tierra, en cuanto a cómo decide manifestarse. El becerro de oro permanecería siempre igual, a menos que se le aplicara calor, y nunca tendría el poder para revelarse de otra manera como para ser flexible en su liderazgo de Israel; no era santo.

Por otro lado, los ídolos son locales. Están limitados por el espacio y el tiempo, otras cosas creadas. ¿Cómo esperaba Israel que un becerro de oro los guiara si no podía moverse por su cuenta? Tan solo podía llegar hasta donde unos pocos humanos estuvieran dispuestos a llevarlo. Ellos irían *con* él, en vez de que él fuera *delante* de ellos. Y mientras iba, con su ayuda, tampoco podía anticipar lo que les esperaba más adelante, no solo en cuanto a rumbo, sino también a tiempo. Su verdadera ayuda terminaría diciendo a través de Isaías: «yo soy Dios, y no hay ningún otro, yo soy Dios, y no hay nadie igual a mí. Yo anuncio el fin desde el principio; desde los tiempos antiguos, lo que está por venir» (Isa. 46:9-10).

Una vez más, al estar separado de toda forma posible, su Dios real, absolutamente único, existía fuera del tiempo. El tiempo, al igual que el becerro que tanto atesoraban, era una creación. La relación de Dios con el tiempo es la de un soberano, no siervo. Así que cualquier tiempo que para otros fuera un recuerdo, Dios lo veía en forma presente. Además, estaba lo por venir, el dominio de lo profético, los sucesos que todavía no llegaron pero están cercanos, por los cuales la gente pide un deseo y espera enterarse. Él ve todas las cosas, de principio a fin. A diferencia de un ídolo que no puede ni recordarles el pasado ni hacer promesas para el futuro. «Acérquense y anuncien lo que ha de suceder, y cómo fueron las cosas del pasado, para que las consideremos y conozcamos su desenlace. ¡Cuéntennos lo que está por venir! Digan qué nos depara el futuro; así sabremos que ustedes son dioses» (Isa. 41:22-23). Pero tanto el pueblo como el becerro estaban ciegos al futuro de todas las cosas, e incluso esto no era ninguna sorpresa para Dios. Él conocía cada centímetro de aquel día al mismo tiempo que arrojó la luna a la invención oscura de la noche. Qué decepcionante que sería su dios intrascendente, inerte, ciego e ignorante cuando Israel le preguntara: «¿Adónde vamos desde aquí, y hay algún peligro en ese lugar?»: no era santo.

Aunque su dios no podía ser más de lo que era, y aunque, como ignoraba el futuro, no podía saber lo que vendría, Israel aun así decidió atribuirle el mérito de lo que había sucedido antes de su nacimiento. Respecto a su becerro de oro, proclamaron: «Israel, ¡aquí tienes a tus dioses que te sacaron de Egipto!» (Ex. 32:4). Apropiándose del testimonio de Dios sobre sí mismo, le adjudicaron las palabras y las obras del Señor a algo hecho por manos de hombre que ni siquiera podría salvarse de la pronta profanación de su cuerpo creado.

Ya que probablemente creían que el becerro era una representación de Yahvéh, como era el caso de los egipcios que creaban ídolos para imaginar a sus dioses, Israel adoró al becerro como si fuera un mesías. Un salvador de su propia imaginación, a pesar del testimonio de Moisés sobre quién lo había enviado a liberar. «Yo soy me envió a ustedes», le dijo Moisés al pueblo antes de que las plagas hicieran estragos en Egipto. La revelación de Dios como «Yo soy» implicaba afirmar que *Él es el que es.* Antes del tiempo, era. Después del tiempo, seguirá siendo. Completamente independiente y no creado, no tiene límites a la hora de salvar. En cuanto a poder, como este se deriva de Su interior, no necesita permiso para mostrarse fuerte ni está desesperado porque algo fuera de sí se lo provea. Su poder no puede acabarse ni se acabará jamás, ya sea a la hora de transformar el agua en sangre, llenar toda una ciudad con tantas ranas como personas había allí, o hacer que la naturaleza y los animales e insectos que contiene sirvan a Su voluntad. A la hora de darles permiso de romper con los ritmos en los que funcionan para mostrar que solo el Dios santo tiene un poder completo e inagotable sobre toda la creación.

Como soberano, rey supremo, creador del cielo y de la tierra, nada en el cielo ni en la tierra puede evitar que Dios libre al que quiera salvar. Para otros, el corazón durísimo del faraón y los recursos que había sostenido y creado sobre las espaldas de los oprimidos serían una señal para retroceder. Para descuidar una salvación tan grande al darse cuenta de que ellos, los aspirantes a salvadores, no tenían ninguna ventaja sobre el faraón como para vencerlo y librar a los que estaban bajo su poder. Pero ¿qué es un corazón endurecido para el Dios que lo hizo? ¿Qué es un gobierno opresivo con todo su dinero, carros, soldados y esclavos para el Dios que pone y quita reyes cuando así le agrada (Dan. 2:21)? Dios dijo: «¿Tan corta es mi mano que no puede rescatar? ¿Me falta acaso fuerza para liberarlos?» (Isa. 50:2). Responder con cualquier otra cosa que no fuera un «no» sería poner a Dios en un lugar de tanta impotencia como el becerro que Israel había creado para sí. El gobierno soberano del Dios santo le da la capacidad de usar a las personas y las circunstancias para los propósitos de la salvación, en lugar de que la salvación pueda ser frustrada por ellas.

Adelantemos hasta Cristo, el cual, desde una perspectiva humana, tal vez se pareciera a una víctima que sucumbiría ante el poder y la fuerza de los líderes judíos. Sin embargo, las circunstancias que ellos instigaron y armaron no sucedieron sin el conocimiento y el permiso soberanos de Dios. Pedro, al recordar cómo Dios había usado a hombres perversos para cumplir Su propósito, declaró: «En efecto, en esta ciudad se reunieron Herodes y Poncio Pilato, con los gentiles y con el pueblo de Israel, contra tu santo siervo Jesús, a quien ungiste *para hacer lo que de antemano tu poder y tu voluntad habían determinado que sucediera»* (Hech. 4:27-28, énfasis añadido). Jesús no cayó víctima de los planes de un gobierno perverso. En cambio, fue un participante dispuesto en el esquema que Dios había ordenado desde antes de la fundación del mundo. Nunca deberíamos esperar que algo impío que fue hecho con nuestras manos sea lo suficientemente soberano o poderoso como para salvarnos de algo, ya que toda la existencia de un ídolo depende de la persona que le dio vida.

Además debo añadir que, para que haya salvación, también tiene que haber una condición santa en el ser que salva. El becerro de oro quizás tenía orejas al costado de la cara. Una boca tallada encima de la mandíbula. Y tal vez incluso la parte superior de su cabeza fuera redondeada para simular la presencia de un cerebro entre sus cuernos, pero aun con todos los símbolos externos de un ser vivo, estaba tan muerto como un fantasma. Es ridículo e inútil confiar en un ídolo para salvación por la simple razón de que los ídolos no tienen vida. La descripción del salmista prueba este punto: «Pero sus ídolos son de oro y plata, producto de manos humanas. Tienen boca, pero *no pueden hablar*; ojos, pero *no pueden ver*; tienen oídos, pero *no pueden oír*; nariz, pero *no pueden oler*; tienen manos, pero *no pueden palpar*; pies, pero *no pueden andar*; ¡ni un solo sonido* emite su garganta!» (Sal. 115:4-7, énfasis añadido).

Si el becerro de oro realmente los había sacado de Egipto, ¿cómo sabía que estaban esclavizados, si no tenía la mente para comprenderlo? Tal vez podría haberse enterado de su aflicción, si tuviera oídos para oír sus oraciones al cielo, pero no, algo que está muerto también está sordo. Digamos que no hubo ninguna plegaria, pero que era posible ver la opresión. Quizás el becerro conocería el contexto del cual sus adoradores necesitaban liberación; pero tristemente, no tenía ojos para verlos ni percibir sus problemas.

El Dios santo y trascendente que se reveló como el «Yo soy» está realmente vivo, porque como ya he dicho y volveré a decir, tiene vida en sí mismo. Si Dios fuera creado, no sería Dios, sino que Su vida estaría derivada de otro, de algo que el «Yo soy el que soy» no podría ser. R. C. Sproul lo expresa mejor que yo: «Un ser necesario es un ser que no puede *no* ser. Existe por la mera necesidad de su ser eterno, de su aseidad. [...] Dios debe tener el poder de existir dentro de sí mismo que no se deriva de algo externo. Esto es un ser trascendente».[3]

Jesús dijo que Él es «el camino, la verdad y *la vida*» y que es «la resurrección y *la vida*» (Juan 14:6; 11:25, énfasis añadido). Existimos solo porque Él existe. Y seguiremos existiendo porque Él también seguirá existiendo. A

---

[3] R. C. Sproul, *Moses and the Burning Bush* (Sanford, FL: Reformation Trust Publishing, 2018), 81.

diferencia de un ídolo cuya vida es completamente imaginaria. La fe que le damos a un ídolo es lo que le da la vida que esperamos que tenga a cambio. Pablo les dijo a los corintios: «sabemos que un ídolo no es absolutamente nada, y que hay un solo Dios. [...] para nosotros no hay más que un solo Dios, el Padre, de quien todo procede y para el cual vivimos; y no hay más que un solo Señor, es decir, Jesucristo, por quien todo existe y por medio del cual vivimos» (1 Cor. 8:4, 6). Esta es una verdad importante de saber y creer, porque es la razón por la cual Dios *puede* salvar y hacer lo que sea. Un dios sin vida no te vería en tu habitación, no escucharía el sufrimiento silencioso atascado en tu pecho ni lo interpretaría como dolor. Un ídolo no puede hablar, así que no puede reprender ni consolar cuando el momento así lo pide. Y si nuestros ídolos son meros hombres, tal vez tengan ojos para ver y bocas para hablar a lo que hay en tu corazón, pero lo que dicen y lo que ven siempre será estrecho en comparación con Dios, que no necesita llamarte para saber cómo estás. Si Dios no fuera un ser real y vivo, toda la muerte que hay debajo de Él no lo movería a actuar porque no podría moverse, o al menos, sentir. La salvación de Dios es la compasión de Dios en acción, y el ser de Dios es el ojo del tornado de Su bondad, un viento salvaje pero intencional que viene a buscar a aquellos que esperan que los haya escuchado pidiendo ayuda. La salvación de Dios a Israel fue precedida por la *conciencia* de Dios de sus necesidades. Declaró: «Ciertamente he *visto* la opresión que sufre mi pueblo en Egipto. Los he *escuchado* quejarse de sus capataces, y *conozco* bien sus penurias. Así que he *descendido* para librarlos del poder de los egipcios» (Ex. 3:7-8, énfasis añadido). Hablar sobre Dios es hablar de un ser que existe, que está vivo en todo momento y completamente atento al pecado y al sufrimiento de todos. La falta de vida de un ídolo lo vuelve ignorante e incapaz de servir a alguien mediante la salvación. Esperar que algo creado pueda salvar —ya sea el sexo, una relación, un trabajo, el dinero, una identidad, el alcohol o cualquier otra cosa— implica volverse tan ignorante como el ídolo en sí. «Ignorantes son los que cargan ídolos de madera y oran a dioses que no pueden salvar» (Isa. 45:20).

Otra característica de los ídolos que nos vendría bien considerar es cómo oscila la brújula moral de cualquiera que los adora. Cuando los ídolos son creados, recogidos, reciben atención y se confía en ellos o se los ama, su integridad o normas éticas rara vez son lo que los califica como dignos de nuestra fe. El becerro de oro fue inventado y luego se esperó que *hiciera* algo santo por Israel además de ser. Su valor dependía de su capacidad para actuar a favor de ellos. Nunca mencionan en sus planes iniciales o sus alabanzas al completarlo que el becerro fuera *santo*... ¿no te parece significativo? ¿Que todo ídolo que Israel o nosotros recojamos sea un ídolo sin ley? ¿Con un estándar lo suficientemente fácil para mantener y obedecer? Hechos con nuestras manos, los ídolos son un reflejo de nosotros en su impiedad, y esta es una de las razones por las cuales los seguimos. Porque con toda adoración, hay un sacrificio, por supuesto, pero con los ídolos, las exigencias que se hacen no requieren una encarnación, muerte ni resurrección. No hay ningún milagro en nuestra obediencia a un dios impío porque no necesitamos ninguna ayuda para hacer lo que requiere de nosotros. No solo eso, sino que todo lo que ofrecemos a estos supuestos dioses, en alabanza o petición, casi siempre va en contra de la ley moral de Dios, lo cual deja cada vez más en evidencia la naturaleza impía de todos ellos. Para adorar a un ídolo, la adoración exclusiva reservada para Dios y solo Dios se le otorga a un ser indigno, y a veces, para sorpresa del que ama al ídolo, lo que obtiene a cambio no es la paz que esperaba, sino el juicio que acumuló sobre su cabeza.

La adoración a los ídolos lleva a una inutilidad de pensamiento y al oscurecimiento de la capacidad mental para entender, pero doy gracias porque no quedamos completamente librados a nuestros propios recursos para descubrir si un ídolo puede ser aquello que le hemos pedido. Como ya hemos visto, hay suficientes pasajes que han hecho esta tarea por nosotros. La tarea de decirnos una verdad de que necesitamos una resurrección para creer. A los ídolos nunca se los adora por conceder deseos. No importa cuántas velas prendamos, dedos torzamos o estrellas con las cuales conversemos, un ídolo nunca podrá darnos lo que realmente necesitamos, y por eso las Escrituras nos han dicho una y otra vez que «de nada sirve[n]», que «no valen nada» y son «inútiles» (Prov. 11:4; Isa. 44:9; Jer. 2:8; 23:32). No sé si ya te diste cuenta, pero he intentado dejarlo en claro, aunque quizás de manera demasiado sutil, que lo infructuoso de los ídolos está arraigado en su falta de santidad. En que no pueden ser Dios. En su falta de trascendencia. De diferencia. En no poder existir como necesitamos que existan. Como un ser vivo que puede ver, escuchar, actuar y pensar. Lo suficientemente poderosos como para vencer todo poder y problema que este mundo haya heredado o tomado prestado. *Todo ídolo es algo creado.* En el caso de Israel, era un becerro sin nombre, pero con el tiempo, estuvieron Baal, Astarté y Moloc (2 Rey. 21:3; Jue. 2:10-23; Jer. 32:35; Lev. 18:21).

Saber cómo funcionaba la idolatría en la historia puede llevarnos a creer que hoy en día no existe. Baal tal vez murió junto con los que le dieron «vida», pero esa forma primitiva de idolatría en realidad se ha transferido a nosotros mediante nuestra naturaleza, y ha evolucionado a una versión menos evidente de la misma. Lo que en su momento quizás fue Baal hoy es la identidad sexual, el sexo, la autonomía, el intelecto, las relaciones, el dinero, el matrimonio, el legalismo, la política, el poder, la etnicidad, la comida, las redes sociales, los hijos o cualquier otra cosa creada que se te pueda ocurrir. Tomamos aquello que Dios llamó bueno y lo transformamos en un dios. Lo colocamos en un lugar supremo en nuestra vida y esperamos con todo el corazón que sea la deidad que nosotros bautizamos como tal.

No conozco tus ídolos por nombre. Tal vez tú los conozcas, y el Dios por el cual los intercambiaste sin duda los conoce, pero debes saber que sean lo que sean, te fallarán siempre. No lo digo para avergonzarte, sino para contrarrestar las mentiras que hicieron que surja tu propio becerro de oro. Fue fabricado a propósito y se llegó a darle la confianza para ser y hacer algo que no puede. Sea lo que sea este ídolo, es algo local. Tus necesidades trascienden los lugares, y Dios nos libre de que tengas que esperar para comprar, llamar, volar, caminar o llamar a la puerta de una persona, un lugar o una cosa para obtener esperanza, paz o gozo. Mientras que Dios, que está en el cielo y en ti, ya está ahí mismo donde tú estás, y te ofrece todo lo que es. En Él está la vida, ¿y no es eso acaso lo que necesitamos? ¿A Él? No solo para salvación, sino también para satisfacción. Los ídolos funcionan como una especie de «salvador».[4] Un mesías fabricado, hecho para llenar los vacíos interiores. Pero si algo creado no te hizo, entonces es imposible que pueda hacerte pleno. Mantente alerta y ora para que tu esperanza no busque rescate en los lugares altos (Lev. 26:30; Núm. 33:52). En cambio, levanta los ojos a las montañas, de donde viene tu socorro santo (Sal. 121:1-2), porque cualquier otra esperanza es una esperanza impía.

Es esta esperanza, esta fe impía, la que estoy esperando redirigir, pero volvamos a refrescar la memoria hablando del lugar de la fe en la historia de Israel. Recuerda que, después de crear el becerro de oro, los israelitas querían que el becerro los guiara y les mostrara el camino a seguir. Una esperanza santa para tener, sin duda, pero qué insensatez ponerla sobre una obra de arte que no puede moverse ni avanzar por sí sola, y mucho menos mover a toda una comunidad. Por supuesto, nosotros también hemos confiado en la santidad de nuestros ídolos. Hemos esperado

---

[4] En su libro *Dioses que fallan*, Tim Keller comenta que «los pasajes bíblicos [...] definen la idolatría como autosalvación». Su observación, en la página 166 de su libro, influyó sobre la mía (Barcelona: Publicaciones Andamio, 2015).

que hagan lo que solo un ser no creado e independiente puede hacer. El problema es que cualquier cosa que tiene un comienzo está automáticamente limitada en lo que tiene para ofrecer. Sospecho que por eso, cuando Dios dijo que Su pueblo había cometido dos pecados, usó la «fuente de agua viva» como metáfora para sí mismo, y las «cisternas rotas que no retienen agua» como una descripción de los ídolos de Israel (Jer. 2:13). Cada ídolo, una cisterna, puede proveer alguna semblanza de vida, como si fuera divino en su capacidad de ofrecernos alguna medida de bien. Un poquito de agua aquí, un poquito de agua allá. Probablemente, esta es la razón por la cual creemos que nuestros ídolos han sido buenos con nosotros. La relación sí provee algo de alivio. El depósito directo sí proporciona cierto sentido de seguridad. Así como el que fabricó un ídolo de madera pudo calentarse y cocinar comida con la misma madera de la cual lo cortó (Isa. 44:15), quizás parte de la fe que ponemos en nuestros dioses impíos se debe a que esperamos, en vano, que tengan más de aquello que nos han dado. Pero el problema es el siguiente: en la construcción misma de la cisterna, como en todo aquello que no se llama Dios, hay una grieta. Lo poquito de agua, vida, amor, afirmación, provisión y placer que nos sirvió tiene un final, y en realidad, la cisterna nunca fue la fuente de todas estas bondades. Todo lo que nos dio vino de la mano de Dios, así que todo aquel que haya alabado a un ídolo por su amor, en realidad le «[dio] gracias» a la persona equivocada (Rom. 1:21).

Como la «fuente de agua viva», Dios se presenta como la única fuente real, verdadera y perdurable, y el único que suple nuestras necesidades constantes. En la exposición de Alexander MacClaren de este texto, él afirmó: «Dios es la fuente de agua viva; en otras palabras, en comunión con Dios hay una satisfacción plena de todas las capacidades y deseos del alma».[5] Algo que la Escritura enfatiza una y otra vez como inspirado por el Espíritu del Santo es que hay un contraste infinito entre Dios y los ídolos. Los ídolos se muestran como algo inútil, incapaces de cumplir, infructuosos, nada, mudos, sin vida, incapaces de hablar, ciegos, inmóviles y vacíos. Por fe, impulsados por la ceguera y un absoluto engaño, todos los que adoran ídolos confían en que sean lo opuesto de lo que en realidad son. Levantando la mirada a cosas creadas, de donde viene su infierno, los amantes de los ídolos intercambian lo que es verdad sobre Dios por una mentira. Y resulta que lo que es cierto sobre Dios no se cree, y la esencia y los atributos

---

[5] Alexander MacLaren, *Alexander MacLaren's Expositions of Holy Scripture, Isaiah and Jeremiah* (dominio público), 245, comentario sobre Jeremías 2:13, https://www.studylight.org/commentaries/eng/mac/jeremiah-2.html.

del Creador (la trascendencia santa y la pureza moral) terminan proyectándose sobre la creación. Completamente ciegos a la realidad, consideramos el ídolo como algo valioso, y a Dios como algo sin valor. Al ídolo como algo útil, a Dios como inútil. Al ídolo como mesías, a Dios como enemigo. ¿Por qué otra razón elegiríamos cualquier cosa antes que Dios si no es porque creemos que *eso* y no *Él* puede darnos lo que necesitamos? ¿Cuántas veces hemos mirado a la criatura y la llamamos Salvador, sin palabras pero por fe? Por cada botella vacía de vino, bebida hasta el fondo sin ningún dominio propio, está la prueba de un alma que desea encontrar paz en algo que no la tiene para dar.

Incluso los medios sociales prosperan gracias a nuestra necesidad y a cómo esta nos vuelve insatisfechos a la hora de ser conocidos y amados por Dios y Dios solamente. Al buscar en *eso* y no en *Él* para encontrar amor y otras cosas, cada publicación revela dónde encontramos valor e identidad. Hablando de identidad, nos fue dada una desde el nacimiento, pero ser un portador de imagen nunca es suficiente cuando nuestra fe no está en Aquel a cuya imagen fuimos hechos. El conocimiento de quiénes somos como portadores de imagen muestra para quién fuimos creados, llamándonos a adorar a Alguien más supremo que nosotros. En el intercambio de la verdad sobre Dios por la mentira de la redes sociales, cada «me gusta» parece una alabanza, cada comentario parece una oración, y cada seguidor parece el cielo, uno que construimos para la gloria de nuestro propio nombre. Nos ha dado una manera de sentir como si supiéramos algo, imitando la omnisciencia. Y al darnos acceso al corazón (mediante las palabras), la vida, la familia, el trabajo, las finanzas, el pasado y el presente de todos los que tienen una página propia, podemos experimentar una versión inferior de la omnipresencia. ¿No te resulta raro que la manera en la que decidimos lidiar con nuestra humanidad sea intentando trascenderla? Construir la torre de Babel con el fruto que teníamos prohibido comer, trepar hasta la cima, echar un vistazo a los cielos y declararnos dioses. En la superficie, los ídolos parecen los medios sociales; en la raíz, el ídolo somos *nosotros.*

Siempre que confiamos en algo que no sea el Dios santo para que nos salve de todos nuestros temores, dudas y ansiedades, satisfaga nuestros anhelos más profundos y supla todas nuestras necesidades, hemos confiado en un dios impío que nunca lo hará. Decir que Dios es santo es decir que Dios es Dios y que no hay ningún otro dios además de Él. «Nadie es santo como el Señor; no hay roca como nuestro Dios. ¡No hay nadie como él!» (1 Sam. 2:2). Y si Él es el único Dios, entonces las palabras de Elías a Israel siguen siendo ciertas para nosotros hoy: «¿Hasta cuándo van a seguir indecisos? Si el Dios verdadero es el Señor, deben seguirlo; pero, si es Baal, síganlo a él» (1 Rey. 18:21). ¿Qué estaba tratando de decir Elías al apelar a la naturaleza verdadera de Yahvéh y Baal como el factor que debía motivar seguir a uno o al otro? Es que, si un ser es realmente Dios, entonces no solo merece la exclusividad de nuestra adoración, sino que es el único suficiente para nuestras necesidades.

Una vez más, a los ídolos se los describe como «inútiles» o «infructuosos», lo cual muestra por qué es completamente en vano pensar que pueden hacer y ser lo que esperamos de ellos. Si es salvación, no tienen poder. Si es resurrección, no tienen vida. Si es paz, no tienen el control soberano de las circunstancias de hoy ni el poder divino para calmar el corazón del que las atraviesa. Si es compasión, no tienen ojos para ver ni oídos para oír ni boca para hablar; por lo tanto, les falta la cualidad de persona necesaria para encontrarse contigo donde estás o llevarte adonde necesitas ir.

Pero si redirigimos nuestra fe al único Dios vivo y verdadero, en Cristo, encontraremos en Él todo lo que necesitamos. Si es salvación, Él es «poderoso salvador» (Sof. 3:17, NTV). Si es resurrección, Él es «la resurrección y la vida» (Juan 11:25). Si es paz, Él es «El Señor» que puede bendecir «a su pueblo con la paz» (Sal. 29:11). Si es compasión, Él es «Dios clemente y compasivo», cuyas misericordias «cada mañana se renuevan» (Sal. 86:15, Lam. 3:23). Con

Dios, viene todo lo que la mente necesita para la sabiduría, todo lo que el corazón necesita para el amor, todo lo que el cuerpo necesita para la satisfacción y todo lo que los afectos necesitan para el gozo. Como la Escritura declara que no solo fuimos hechos por medio de Él, sino también para Él (Col. 1:16), no debería sorprendernos entonces que jamás estaremos completos sin Él. Además, si todo lo bueno existe debido a Él, entonces nada existe que sea mejor que Él. Como lo expresa Stephen Charnock: «Ningún hombre puede formar una noción de Dios en su mente y aun así formar una noción de algo mejor que Dios; porque cualquiera que imagina algo mejor que Dios supone a un Dios con algún defecto; cuanto mejor cree que es aquella cosa, tanto más imperfecto hace que Dios sea en sus pensamientos».[6]

En la carta de Pablo a los filipenses, el apóstol afirma: «Es más, todo lo considero pérdida por razón del incomparable valor de conocer a Cristo Jesús, mi Señor. Por él lo he perdido todo, y lo tengo por estiércol, a fin de ganar a Cristo» (Fil. 3:8). Espero que entiendas lo que está diciendo. Dice que no hay nada que haya tenido o vaya a tener que no esté dispuesto a entregar por Cristo, y que una vez que no le quede nada, ya sea que lo maten por Su voluntad o por

---

[6] Stephen Charnock, *Discourses upon the Existence and Attributes of God*, volúmenes 1-2 (Nueva York: Robert Carter & Brothers, 1874), 216-17.

su fe, nada de lo que haya perdido podrá compararse con el Dios al que ganó. Esta es la realidad significativa que pone en conflicto la naturaleza de Dios con la de los ídolos, y espero que sea la motivación que necesitas para no volver a intercambiarlo por nada más. Los ídolos son completamente vacíos y sin valor, pero Cristo es infinitamente precioso e invalorable. La idolatría no es otra cosa más que intercambiar a Dios por algo que no es dios en absoluto, pero la clase de fe que Pablo describe aquí también supone una especie de intercambio. La diferencia es que el intercambio es de algo que no vale nada por Aquel que es digno de todo. Algo improductivo por una ganancia suprema. Cisternas rotas por una fuente de agua viva. Un corazón roto por uno recapturado por Dios (Ezeq. 14:5). Lo cual nos da esperanza. Si hemos intercambiado a Dios por un ídolo, no quedamos solos y lejos de Su compasión o ayuda. Podemos volver a intercambiar. Esto se llama *arrepentimiento,* alejarse de un ídolo muerto para seguir al Dios que no solo tiene vida en sí mismo, sino más que suficiente como para compartir contigo. Piénsalo: si lo único que tienes son ídolos y nada más, no tienes nada. Si lo único que tienes es Cristo y nada más, tienes todo. ¿Quién necesita un becerro de oro cuando puede tener al Dios vivo?

Capítulo 5

Justicia santa

EMPEZAR UNA PRESENTACIÓN DEL evangelio diciendo: «¿Sabías que eres un pecador?» no es el camino correcto. Los pecadores tal vez sepan que lo son debido a su conciencia o sus recuerdos religiosos, pero no saben por qué ser pecador debería dejarlos mudos del terror. Cuando compartimos esta noticia excelente, deberíamos, y me animo a decir *debemos*, empezar con un: «¿Sabías que Dios es santo?». Entonces, a medida que avances por la historia, aventurándote en temas necesarios como el pecado y el juicio, Dios es el contexto para ambas cosas. Si Dios no fuera santo, el pecado no sería pecado. Toda conducta sería amoral y existiría sin límites éticos. Y de manera extraña, todo lo que se hace bajo el sol sería impersonal, ya que no habría un «dios» en el cielo que pudiera discernir la diferencia moral entre el asesinato y la música, sin considerar ninguna de las dos una ofensa.

Como las acciones humanas no lo afectarían, ninguna (sin importar cuán horrenda fuera) podría borrarle la sonrisa del rostro o impulsarlo a la justicia. Se quedaría ahí sentado, en ese cielo nada santo, mientras el caos se desata debajo de él, mientras el tiempo mueve a cada persona, cosa o lugar malvado (o no) hacia una eternidad sin consecuencias.

Lo que imaginé más arriba es tan mitológico como un hada. Si alguien que no fue redimido cuenta la historia, es entendible que un Dios injusto sea preferible, pero no es decisión de esa persona. Con Dios, «todos sus caminos son justos. Dios es fiel; no practica la injusticia. Él es recto y justo» (Deut. 32:4). Algo que, a esta altura, ya hemos digerido. Que nuestro Dios es moralmente puro. Pero ¿acaso eso exige que sea un Dios vengativo? Bueno, si es tan justo como la Escritura lo describe, entonces la respuesta tiene que ser «sí».

Parte de lo que necesitamos para entender la justicia de Dios es aceptar cómo un Dios santo interactúa con el pecado. Habacuc nos dijo que los ojos de Dios son demasiado puros como para ver el mal o tolerar el sufrimiento (1:13). Y qué visión desagradable debe de ser. «No puede mirar el pecado sin aborrecerlo; no puede mirar el pecado sin que el corazón se levante en su contra; tiene que resultarle tan odioso como aquello que es contrario a la gloria de Su naturaleza, y directamente opuesto a todo lo que es el lustre y el fulgor de todas Sus demás perfecciones».[1]

Cuando Dios ve el pecado con todos sus distintos colores, no se ve reflejado, ya que es el más hermoso. No hay nada que se asemeje menos a Dios que el pecado. Nada tan espantoso como esa presencia en nuestro interior que rechaza la voz de Dios. La santidad de Dios reconoce el pecado tal como es. Un extranjero sin gloria. Repugnante en esencia, vómito dicho de otro modo. La raíz de toda conducta impía. La razón por la cual la creación refleja al diablo en su resistencia a un amor mejor. Conlleva el intento constante de disfrazarse de otra versión del Señor, con la esperanza de que no notemos el hedor del engaño, y tristemente, sin la intervención del Espíritu Santo, nunca lo hacemos.

Por más común que nos resulte el pecado (a cada descendiente de Adán que no sea Jesús) es algo que no existe ni puede existir en Dios. La justicia de Dios, una «dimensión ética de Su santidad» significa que todo lo que Dios hace es justo.[2] Alguien tal vez pregunte: «¿Qué es lo *correcto* y quién lo define?». Una pregunta que merece la

---

[1] Stephen Charnock, *Discourses upon the Existence and Attributes of God*, volúmenes 1-2 (Nueva York: Robert Carter & Brothers, 1874), 181.

[2] A. W. Tozer, *The Knowledge of the Holy* (Nueva York: HarperCollins, 1978), 68.

pena hacer, al considerar el mundo y las muchas, muchas ideas que propone respecto al bien y el mal, las cuales suelen determinarse por afecto y no por fe. El pecado engaña a las personas para que piensen que sus sentimientos y pensamientos de criatura tienen peso en nuestro universo moral, como si Dios no fuera la autoridad suprema sobre lo que es bueno. Podemos saber si algo es correcto según se conforma o no al carácter de Dios; por lo tanto, Dios es justo porque no puede desviarse de Su propio estándar, según se comunica en Su ley. Y si acaso piensas que Dios tomó prestada una serie de reglas de otro y las impuso sobre sí mismo, debes saber que eso es imposible. No hay autoridad moral más alta que Dios. Él mismo es el estándar según el cual se determina el bien y el mal. Esto equivale a decir que todo lo que es bueno moralmente es lo que se parece a Dios. «Todo en el universo es bueno siempre y cuando se conforme a la naturaleza de Dios, y malo cuando no lo hace», declara Tozer.[3] Así que, cuando la Escritura nos dice que Dios es un Dios justo, lo que está diciendo es que es fiel a sí mismo en cuanto a la pureza moral. Toda obra, palabra y pensamiento en Dios es intachable, sin arruga ni imperfección. Fred Zaspel destacó: «Cuando la Escritura declara que Dios hace lo correcto,

---

[3] Fred Zaspel, «*Four Aspects of Divine Righteousness*», Reformation & Revival Journal, vol. 6, n.º 4, invierno de 1997.

afirma meramente que adhiere con fidelidad a Sus propias perfecciones. Actúa tan solo y siempre de acuerdo al principio más alto de justicia: Él mismo».[4]

Pero esto nos sigue dejando con la pregunta: «¿Qué tiene que ver la rectitud de Dios con la justicia de Dios?». Claramente, algunas personas de la tierra han hablado y nos han dado su propia explicación sobre cómo Dios trata con los pecadores. En un intento de justificar su convicción de que Dios no se opone al pecado, están los que afirman: «Dios es amor». Lo más probable es que no se den cuenta, pero en esencia, están afirmando que Dios es injusto. En su defensa, el velo que cubre, oscureciendo su sabiduría, evita que vean la falta de coherencia teológica en su argumento (Rom. 1:21; Ef. 4:17-19; 2 Cor. 3:14, 4:4). Para ellos, el amor tiene que ser indulgente o al menos compasivo, lo cual, en su opinión, significa dejar de lado toda ofensa para que Dios pueda dispensar perdón a cualquiera que lo necesite.

Es irónico que aquello que sospechan equivocadamente sobre Dios es lo mismo sobre lo que protestarán cuando lo observen en una persona. ¿No hemos visto la ira santa que surge en nosotros cuando se asesina a un niño de color y se le echa la culpa a él, en lugar de a la persona que

---

[4] Fred Zaspel, «*Four Aspects of Divine Righteousness*», Reformation & Revival Journal, vol. 6, n.º 4, invierno de 1997.

disparó la bala? Cuando él, el asesino, queda sin condena, sin sentencia de culpa o alguna consecuencia judicial por disparar a un inocente, ¿no nos lamentamos? ¿No reclamamos que la justicia deje de esconderse? ¿Y de dónde creemos que sacamos ese sentido de saber que tendría que haber un equilibrio? Estarías en lo correcto si siguieras la pista del deseo de equilibrio hasta Dios. Porque todos testificamos de Su imagen en nosotros cuando esperamos que la justicia «fluya [...] como las aguas» (Am. 5:24). Casi de manera instintiva, *sabemos* que el culpable debe ser castigado, hasta que el culpable somos nosotros.

La «justicia rectoral» de Dios, como la llaman los teólogos elegantes, es ese aspecto de la justicia de Dios que impone leyes sobre todo hombre y mujer creados, requiriéndoles justicia a cambio. Cuando Dios dice: «Ámame» (ver Mat. 22:37), no se trata de un pedido, sino de un mandamiento de la más alta orden. Es Dios que legisla gloria, adoración y honor para Él solamente, derogando la idolatría, el pecado que engendra todos los demás. Cuando Dios declara: «Ama a tu prójimo», tampoco es una sugerencia arbitraria que tenemos el derecho de ignorar, sino una ley que obliga a los seres humanos a amarse unos a otros como Dios lo hace. En esencia, al obedecer la ley de Dios, estamos reflejando al Señor en Su justicia, siendo santos como Él es santo (Lev. 11:44).

Pero ¿qué sucede cuando no obedecemos? ¿Cuando Dios dice: «Ámame» y nos ponemos rígidos? ¿Cuando Dios dice: «Ama a tu prójimo» y nosotros, como criaturas, permitimos que el odio nos domine? ¿Qué se requiere de un Dios justo cuando se quebranta Su ley, no se busca Su verdad, no se estima Su sabiduría, no se atesora Su belleza, no se saborea Su bondad, no se creen Sus promesas, no se reverencia Su santidad ni se ama todo lo que lo constituye como Dios?[5] Una vez, Abraham preguntó: «Tú, que eres el Juez de toda la tierra, ¿no harás justicia?», o en otra traducción: «¿Acaso el Juez de toda la tierra no haría lo que es *correcto*?» (Gén. 18:25, NTV, énfasis añadido). Si Dios es santo, tiene que ser justo, y al hacerlo, debe castigar a los pecadores. En la revelación de Dios sobre sí mismo, ha dejado en claro que de ninguna manera dejará impune al culpable (Núm. 14:18).

Por nuestro bien, como ejemplo y quizás prueba del juicio justo de Dios a los pecadores, las Escrituras han registrado más que suficiente evidencia de Su ira. Cuando el Señor vio que la tierra estaba contenta con su propia maldad, endureció Su rostro contra ella. Prometió enviar un diluvio que aniquilara a todos y a todo lo que tuviera

---

[5] Adaptado de John Piper, *«What Is Sin? The Essence and Root of All Sinning»*, 2 de febrero de 2015; https://www.desiringgod.org/messages/what-is-sin-the-essence-and-root-of-all-sinning.

aliento. El Dios trascendente reinaba por encima de la capacidad de ellos de esconder sus pensamientos los unos de los otros. A diferencia de sus vecinos de carne y hueso, Dios veía cada rebelión silenciosa. Escuchaba cada traición escondida, y debido a eso, inundó la tierra dejando solo a una familia para hacer el duelo. Cuando Dios vio los muchos, muchos pecados en la ciudad de Sodoma, los aborreció (Sal. 5:5; 11:5; 45:7). Sí, aborreció. «Si por un instante, Él dejara de aborrecer [el pecado], dejaría de vivir. Ser un Dios santo es algo tan esencial para Él como ser un Dios vivo».[6] Ah, cuán ofendido se habrá sentido Dios al mirar a Sodoma y Gomorra y no verse reflejado en su manera de vivir. El cuerpo de cada persona en aquella ciudad (y en la nuestra) estaba hecho para un propósito más alto y glorioso que la perversión a la que estaba sujeto. ¿Qué insubordinación demuestra usar el cuerpo que Dios nos dio como un altar para nuestra propia gloria? Cada acto de inmoralidad sexual, apatía hacia los pobres y arrogancia era una palabra de maldición arrojada al cielo (Gén. 13:13; 18:20-21; Ezeq. 16:49-50; Jud. 7). Y en respuesta, cayó fuego del cielo (Gén. 19:1-29).

El jardín del Edén, marcado por la perfección desde su nacimiento, fue testigo del mandato y posterior castigo de

---

[6] Charnock, *Discourses upon the Existence and Attributes of God*, volúmenes 1-2, 181.

Dios a Adán. «El día que de él comas, *ciertamente* morirás», dijo Dios, y por cierto, Adán murió (Gén. 2:17, 5:5). Su maldad fue decisión propia. Nadie lo obligó a punta de pistola a comer el fruto que Dios había prohibido, sino que su corazón abrió la boca y pronunció la palabra: «Dispara». Es una metáfora para la manera en que nosotros, al igual que Adán, escogemos nuestro destino. El pecado separa, creando una distancia entre Dios y lo que ha hecho, lo cual es una de las motivaciones del pecador, rechazar a Dios con el brazo extendido.

Los idólatras no quieren al Dios real; quieren *ser* Él. Con todas sus fuerzas, se empeñan en poner cierta distancia entre ellos y su Hacedor, construyen una realidad alternativa en la cual son su propio señor y rey, y sin saberlo ellos, Dios levanta Su mano para darles exactamente lo que su corazón anhela. Esto también es juicio. Una ira que Pablo afirma que está siendo revelada desde el cielo contra toda maldad, aflojando las limitaciones misericordiosas que evitan que hagamos «lo que no [debemos] hacer» (Rom. 1:18, 28). ¿A qué me refiero? Esa forma de juicio divino es sencillamente entregarnos a lo que queremos. J. I. Packer lo expresa de una forma útil: «La Escritura considera que el infierno es una elección personal. [...] Todos reciben lo que escogen, ya sea estar con Dios para siempre, adorándolo a Él, o estar sin Dios para siempre, adorándose a ellos mismos».[7] Adán decidió que quería la muerte en lúgar de a Dios, y su deseo fue concedido.

Cuando llegó el momento de regresar el arca del pacto a su lugar en Jerusalén, se la puso sobre una carreta. Un error letal que le costaría la vida a un hombre. Según la ley, el arca debía llevarse sobre los hombros de los levitas con varas (Núm. 7:9). En lugar de consultar la Palabra de Dios para ver cómo manejar Sus cosas, Uza y los demás imitaron a los filisteos. Un acto ignorante de su parte, al hacer lo que sabían que no debían hacer. Pero estos hombres, los descendientes de Abraham, tenían conocimiento. Avanzaron con el arca, que al parecer estaba firme sobre la carreta, mientras canciones fluían del pueblo de Dios, reflejando el gozo de Israel al son de los aplausos de los címbalos, porque Dios regresaba a casa. Entonces, sucedió. Cuando llegaron a un campo de trillar, los bueyes tropezaron y empezaron a hundirse en el suelo. El arca, ese precioso símbolo de la presencia santa, santa, santa de Dios se inclinó, amenazando con caerse a la tierra. Al instante, Uza extendió la mano para atrapar el arca en un intento de mantenerla en su lugar, y según el texto: «la ira del Señor se encendió contra Uza por su atrevimiento y lo hirió de muerte ahí mismo, de modo que Uza cayó fulminado junto al arca» (2 Sam. 6:7).

---

[7] J. I. Packer, *Concise Theology* (Carol Stream, IL: Tyndale, 1993), 262-63.

Sentimos lástima por Uza, ¿no? Desde nuestra perspectiva, era tan solo un hombre con buenas intenciones. Un hombre que tan solo quería evitar que el arca se cayera al suelo. Que extendiera su mano hacia el arca parece un fruto del Espíritu, una especie de gesto admirable. Uza estaba tratando de *ayudar,* decimos. De ayudar, ¿eh? Es interesante las palabras que usamos para describir las cosas. Con razón a veces nos confunde tanto el juicio. Estamos demasiado ocupados dándoles nombres buenos a las cosas malas. La Escritura llama a las acciones de Uza «atrevimiento», que la LBLA traduce «irreverencia». Cualquiera de las dos traducciones revela la razón de su muerte. Uza pecó contra Dios. Quizás porque se consideraba lo suficientemente santo como para tocar lo que no debía, o porque el arca había estado en la casa de su padre durante dos décadas, el arca se había vuelto algo demasiado común para él. Una especie de adorno. Nunca debería tratarse al Dios santo, santo, santo como algo tan conocido al punto de acercarnos según nuestros propios términos, pero como vemos en el caso de Uza, su pérdida de asombro junto con el incumplimiento de la ley de Dios demandó la justicia divina. No me malinterpretes; no quiero decir que las acciones de Uza fueran intencionalmente maliciosas o que les faltara sinceridad. Actuó según su instinto, según lo que quizás él consideró que era respeto.

Pero aunque pareciera algo natural y sincero, estaba prohibido. Cuando el arca empezó a deslizarse, su impulso fue mantenerla derecha, pero como lo expresa R. C. Sproul: «Uza supuso que su mano estaba menos contaminada que la tierra».[8]

Siempre que Dios juzga de esta manera —el cuerpo muerto con una mano «servicial», una esposa nostálgica transformada en sal (Gén. 19:26), un hombre y su familia tragados enteros por el suelo poco confiable donde estaban parados (Núm. 16:32), toda una ciudad destinada a la destrucción, incluidos sus hombres, mujeres y bebés (Jos. 6:17; 1 Sam. 15:3)— no sabemos qué pensar. Nos vemos tentados a reaccionar como David, que se enojó «porque el Señor había matado a Uza» (2 Sam. 6:8). Nos confunde que el mismo Dios al que se alaba por Su bondad pueda parecer tan cruel. Tan fácilmente entregado a la ira, al parecer.

Así como es trascendente y, por ende, distinto e incomparable, la ira de Dios no se parece en nada al enojo que conocemos por experiencia. La ira no es una respuesta al ego lastimado de Dios, ni se debe a que sea un sádico que se deleite en nuestro dolor. Exactamente lo opuesto. La ira de Dios es la «repulsión santa de Dios al estar en contra

---

[8] R. C. Sproul, *The Holiness of God* (Carol Stream, IL: Tyndale, 1985), 108.

de aquello que contradice Su santidad».[9] Dios no puede ser indiferente al pecado porque es demasiado santo, santo, santo como para eso. Es cierto que la «justicia [de Dios] es el gran testigo de Su pureza»[10], porque si fuera a ignorar al culpable, sin importar cuán pequeña fuera la ofensa, sería injusto. No santo. Si viéramos el pecado como Dios lo ve, diríamos junto con los ángeles: «Justo eres tú, el Santo, que eres y que eras, porque juzgas así: ellos derramaron la sangre de santos y de profetas, y tú les has dado a beber sangre, como se lo merecen» (Apoc. 16:5-6).

La razón por la cual nos identificamos con personas como Uza y terminamos sintiéndonos seguros como para acusar a Dios de injusticia cuando Su martillo cae con demasiada fuerza para nuestro gusto es que tenemos una visión ridículamente módica del pecado y una comprensión igualmente mediocre de la santidad de Dios. Él no tiene mancha. No tiene arruga. No tiene imperfección. El pecado es diferente. Es ofensivo, abominable, demoníaco, injusto y falto de ley. El pecado jamás corresponderá con el corazón de Dios o Sus caminos, y por Su pureza, ha entregado una ley a todos los hombres, la cual, si se obedeciera, ellos

---

[9] John Murray, *The Epistle to the Romans* (Grand Rapids: Wm. Eerdmans, 1968), 35.

[10] Charnock, *Discourses upon the Existence and Attributes of God*, volúmenes 1-2, 182.

serían tan justos y hermosos como Él es, pero no quieren. Entonces, Dios debe hacer lo que es justo; debe juzgar. Tiene que levantar la espada y descargarla sobre los culpables (2 Sam. 24:16-17; 1 Crón. 21:16).

Y aquí está la pregunta que *deberíamos* hacer pero rara vez formulamos: Si Dios *tiene* que juzgar, ¿por qué *sigo* vivo? ¿Acaso no he comido algún fruto que Dios me mandó que no comiese? ¿No he hecho de mi cuerpo un altar? ¿No he ignorado al «más pequeño» y he justificado mi apatía con alguna estupidez? ¿No me he familiarizado demasiado con el Santo, dejando de lado mi reverencia mientras mantengo una percepción de fidelidad? Es decir, ¿no somos todos culpables entonces (Rom. 3:11, 23)? No solo tú y yo, sino que todos los que están vivos han pecado contra Dios y han quedado destituidos de Su gloria; y sin embargo, aquí estamos. Todavía bajo el sol, leyendo un libro, una gracia común. Una alegría dada a los hombres que no merecen más que ira.

De modo similar a lo que le sucedió a Uza, que se familiarizó demasiado con el arca, estamos tan acostumbrados a la paciencia de Dios que nos sorprenden más Sus juicios que Su longanimidad. Como señaló R. C. Sproul: «La pregunta no es por qué Dios castiga el pecado, sino por qué permite que continúe la rebelión humana. Es habitual o común que Dios sea indulgente. Sin duda, es misericordioso, paciente y lento para la ira. Es más, es tan lento para enojarse que, cuando Su ira irrumpe, esto nos horroriza y nos ofende».[11] Nosotros somos los culpables de que Dios tenga que juzgar; sin embargo, todavía no nos ha dado lo que merecemos. Una misericordia.

Por cada historia en la que hay ira, hay más historias con misericordia. Considera a Adán y cómo después de la mordida, se sacrificó un animal, se derramó sangre y se le arrancó la piel del cuerpo para transformarla en un vestido para los condenados (Gén. 3:21). Un acto no pedido, pero que Dios inició y del cual se encargó personalmente. Antes de que descendiera fuego del cielo y quemara a todos los habitantes de Sodoma, los ángeles fueron a rescatar a Lot. Esto no se debió a su propia justicia; su falta de justicia quedó en evidencia cuando se mostró dispuesto a arrojar a sus hijas a los lobos (Gén. 19:4-8). Aun cuando los cielos empezaron a abrirse, haciendo lugar para que la ira de Dios se derramara, Lot se demoró, como para mostrar su falta de urgencia y tal vez una falta de reverencia hacia la gracia de Dios. Él también tendría que haber ardido hasta transformarse en ceniza, pero los ángeles los tomaron a él y a su familia de la mano, llevándolos a salvo no porque lo merecieran, sino porque la misericordia llamó a su puerta (Gén. 19:16, 17).

---

[11] Sproul, *The Holiness of God*, 117.

O considera a Egipto; cuando Dios se encargó de juzgarlo por su idolatría al ir detrás de cada primogénito, el ángel de la muerte pasó de largo por toda casa que tuviera sangre en el dintel. Recordemos que la sangre roja y brillante no fue idea de Israel. Hicieron esto solo porque a Dios le complació comunicarles esta vía de escape. Esta fue otra misericordia que llegó a través de la mano de Dios, porque Israel era tan merecedor de la justicia de Dios como los egipcios. La única diferencia entre las dos naciones era que Dios decidió tener compasión de una y no de la otra. Dios ha dicho sobre sí mismo: «tengo clemencia de quien quiero tenerla, y soy compasivo con quien quiero serlo» (Ex. 33:19). El Dios santo, santo, santo no nos debe nada, pero aun así, nos ha dado Su compasión. Al igual que David, que le robó la esposa a un hombre frente a sus narices y lo mandó a matar para no tener que confesar. Pero, por supuesto, Dios vio el robo, el orgullo, la fornicación, el abuso de poder y cómo todo esto hizo que una mujer tuviera que llorar a su esposo mientras amamantaba al hijo de su asesino. Lo bueno es que, al final, David confesó. «¡He pecado contra el Señor!», exclamó. El problema es que no murió debido a esto. «El Señor ha quitado tu pecado; no morirás», le dijo Natán a David, el rey culpable, cuya condenación estaba garantizada (2 Sam. 12:13, LBLA).

El profeta dijo que el Señor había quitado el pecado de David. ¿Y dónde lo puso? ¿En algún animal inocente, quizás? ¿Alguno sin mancha que después se llevó y se sacrificó en lugar de David? ¿Para expiar lo que se había hecho frente a las narices de Dios? En ese caso, esto tampoco habría sido suficiente para justificar que lo perdonaran, sabiendo que «es imposible que la sangre de los toros y de los machos cabríos quite los pecados» (Heb. 10:4). Si el sistema de sacrificios en sí no era suficiente como para expiar el pecado y aplacar la ira de Dios, entonces ¿qué se puede decir del Señor cuando decidió ser misericordioso con los culpables? Dios no puede ser tan santo como afirma ser si permite que los culpables queden sin castigo. Ya sea Adán o David, Israel o nosotros, quitar nuestro pecado sin implementar justicia implicaría que Dios se hiciera tan injusto como nosotros. ¿Y no es así como el mundo presenta a Dios cuando espera que perdone sin hacer justicia o que sea misericordioso y no condene? ¿No es cierto que quieren a un Dios tan indiferente a Su gloria que esté dispuesto a dejar de lado Su justicia (de ser posible) para poder declarar inocente a un hijo del diablo? Qué Dios tan impío sería, pero en ese aprieto se encontraba Dios al pasar por alto los pecados anteriores (Miq. 7:18). Este es el gran dilema del cielo.

La misericordia de Dios demostrada a todos los que pecaron antes de Cristo plantea la pregunta de cómo Dios puede ser misericordioso y justo al mismo tiempo. John Piper hizo una buena pregunta respecto a esto: «¿Cuántos luchan con la aparente injusticia de que Dios es clemente con los pecadores? Por cierto, ¿a cuántos cristianos les cuesta aquello de que nuestro perdón sea una amenaza para la justicia de Dios?».[12] Ya lo he dicho, pero vale la pena repetirlo: si Dios es santo, Dios tiene que ser justo. Entonces, ¿qué hizo el Dios santo para garantizar que pudiera ofrecernos perdón sin comprometer Su propia justicia? Evidentemente, un dintel ensangrentado y un cordero sin mancha no alcanzarían para redimirnos por completo. De Su mano, ¿qué buena dádiva dio el Padre al mundo por amor?

Dios dio a Su Hijo, el único lo suficientemente bueno como para aplacar la ira de Dios. El inocente llevó sobre sí las cargas de los culpables, para que cuando se pudiera brindar perdón, la justicia de Dios se ratificara. «De hecho, no hay distinción, pues todos han pecado y están privados de la gloria de Dios, pero por su gracia son justificados gratuitamente mediante la redención que Cristo Jesús efectuó. Dios lo ofreció como un sacrificio de expiación que se recibe por la fe en su sangre, *para así demostrar su*

---

[12] John Piper, *«The Just and the Justifier»*, 23 de mayo de 1999, https://www.desiringgod.org/messages/the-just-and-the-justifier.

justicia. Anteriormente, en su paciencia, Dios había pasado por alto los pecados; pero en el tiempo presente ha ofrecido a Jesucristo para manifestar su justicia. De este modo Dios es justo y, a la vez, el que justifica a los que tienen fe en Jesús» (Rom. 3:22-26, énfasis añadido). Aleluya.

Si alguno tomara en serio la bondad de Dios hacia los pecadores de antaño, tendría derecho de acusarlo de injusticia. Pero la cruz de Cristo no solo fue una demostración de amor, como proclamamos fácilmente y con razón, sino también de justicia. No dejó sin castigo a los culpables, sino que sus pecados y los nuestros fueron asignados al intachable Hijo de Dios, y sobre Él cayó la justicia de Dios. La Escritura dice que «Al que no cometió pecado alguno, por nosotros Dios lo trató como pecador» (2 Cor. 5:21). Y cuando lo hizo, cuando miró a Su Hijo y vio la maldad que Él cargaba, las abominaciones que puso sobre Su espalda, las perversiones que tenía en Sus manos y la rebelión que lo cubría, en Dios Padre surgió una ira santa hacia el Hijo al cual amaba. La copa que el Hijo tanto deseaba que pasara de Él, llena de ira, de ira santa, fue derramada. «En la mano del Señor hay una copa de espumante vino mezclado con especias; cuando él lo derrame, todos los impíos de la tierra habrán de beberlo hasta las heces» (Sal. 75:8).

Imagina, si puedes, el sabor que habrá tenido esa copa. Lo que habrá sido tragar ese concentrado de infierno en tan solo tres horas. Como un disgusto eterno. Una absoluta aversión. Una distancia divina. El *summum* de la indignación santa. Un abandono incomprensible. En esto, la voluntad de Dios fue quebrantarlo (Isa. 53:10). Debajo del duro peso de la ira de Dios, el Hijo, que antes de la cruz tan solo conocía el deleite de Su Padre, ahora le preguntó: «Dios mío, Dios mío, ¿por qué me has desamparado?» (Mat. 27:46). Ahora, la respuesta queda clara. El Hijo fue abandonado para que todos los que están lejos puedan acercarse. Para que todos los que quebrantan la ley de Dios puedan ser absueltos. La única manera en que Dios podía ser misericordioso *y* justo, amoroso y recto era enviar a un sustituto. O el pecador pagaba por sus propios pecados y no recibía perdón, o el pecador era perdonado en virtud del pago de otro. El hijo de Abraham fue salvado del cuchillo de su padre porque el Señor proveyó un carnero como reemplazo. Para nosotros, el Cordero de Dios fue esa provisión, librándonos de la espada del cielo. Como siempre, Dios ha sido el origen de la misericordia. El dilema celestial se resolvió en Cristo Jesús. Ahora, declaramos junto con Pablo: «¡Dichosos aquellos a quienes se les perdonan las transgresiones y se les cubren los pecados! ¡Dichoso aquel cuyo pecado el Señor no tomará en cuenta!» (Rom. 4:7-8). Aleluya.

En la cruz del Calvario, se manifestaron tanto la justicia como la misericordia. El Dios santo estaba tan comprometido con preservar Su justicia que no dejaría impune al culpable. Pero el mismo amor del cual está tan lleno también lo impulsaba a ser misericordioso. Tanto es así que Su propio Hijo fue ofrecido como propiciación. Esto significa que la absorción de Cristo de la ira de Dios la quita de todos los que tienen fe en Jesús, para no tener que experimentarla jamás en esta vida ni en la próxima. Lo único que nos queda es paz... paz con Dios.

Por favor, entiende la trascendencia de esto. Que el odio de Dios por el pecado no evitó que te amara, sino que eligió rescatarte de la ira venidera. ¿Sabías que eso es lo que significa ser *salvo*? Decimos esa palabra sin definición, al punto en que a veces me pregunto si recordamos que el término se refiere a la justicia divina. En un lugar, dice: «Entonces mucho más, habiendo sido ahora justificados por su sangre, *seremos salvos de la ira de Dios por medio de Él*» (Rom. 5:9, LBLA, énfasis añadido). Y en otro: «... y de cómo os convertisteis de los ídolos a Dios para servir al Dios vivo y verdadero, y esperar de los cielos a su Hijo, al cual resucitó de entre los muertos, es decir, a Jesús, *quien nos libra de la ira venidera*» (1 Tes. 1:9-10, LBLA énfasis añadido).

La buena noticia es justamente eso, una buena noticia, porque declara cómo la muerte de Jesús lidió con la ira de Dios, liberando a los pecadores del castigo que les esperaba, llevándolos a una seguridad y a una relación correcta con Dios, en la cual ahora ya no se los trata según sus pecados merecen, sino que se les da el derecho de ser llamados hijos de Dios.

Abraham le preguntó al Señor: «Tú, que eres el Juez de toda la tierra, ¿no harás justicia?» (Gén. 18:25). Ahora, la respuesta queda clara. En Cristo, el Juez *hizo* lo correcto. Es tanto justo *como también* el justificador de todo aquel que tiene fe en Jesús. Aleluya.

Capítulo 6

¿Santo cómo?: Una visión santa

EL PURITANO JOHN OWEN definió la santificación como «...
una obra inmediata del Espíritu de Dios sobre las almas
de los creyentes, que purifica y limpia sus naturalezas de
la contaminación y la inmundicia del pecado, renueva en
ellos la imagen de Dios y les permite así obedecer a Dios
desde un principio espiritual y habitual de gracia».[1] La santificación es una conversación importante, porque aborda la
transformación del creyente a imagen de Dios. El Espíritu
de Dios inspiró a Pedro a decir: «Más bien, sean ustedes santos en todo lo que hagan, como también es santo
quien los llamó; pues está escrito: "Sean santos, porque
yo soy santo"» (1 Ped. 1:15-16). El escritor de Hebreos
provee la consecuencia de no buscar esto. «Busquen la paz

---

[1] *The Works of John Owen*, ed. William H. Goold, vol. 3:
Pneumatologia: A Discourse Concerning the Holy Spirit (Edinburgh:
T&T Clark, n.d.), 386.

con todos, y la santidad, sin la cual nadie verá al Señor»
(Heb. 12:14).

Pero antes de arrojarte pasajes sobre la santidad y
desafiarte a obedecer, como muchos libros sobre el tema
tienen el hábito de hacer, creo que es necesario establecer
primero qué es eso santo que debe suceder en nosotros
antes de poder ser santos. El agente de esta obra es el
Espíritu Santo. Desestimarlo en cualquier debate respecto
a la santificación es aventurarse a un terreno donde la
Escritura no te guio. Y a un terreno del cual la Escritura
te llama a huir. Sin el Espíritu Santo, cualquier esperanza
de ser santo como Dios es inútil.

Es aleccionador cómo se describe a las personas antes
de que el Espíritu Santo haga Su obra. Es más, el lenguaje
es poco halagador, e intencionalmente horroroso. Lo que
se dice de nosotros es que éramos amantes de las tinieblas, hijos de ira con un corazón de piedra (Ez. 11:19;
36:26; Juan 3:19; Ef. 2:3). Parece una película. Una de
esas películas de terror con huellas invisibles y voces que
salen de las paredes. Esas que los valientes miran con la
luz apagada, eso es, hasta que las sombras les quitan el
sueño. En el cine, hay muchas imágenes de fantasmas y
zombis, seres que antes estaban vivos y que han trepado
desde las profundidades para caminar entre los vivos. Nos
asustan, y así debería ser, porque parecen existir de una

manera distinta a nosotros en cuanto a ropa, piel, voces y movimiento; pero las similitudes están ahí, debajo de la superficie. Lo que ellos son por fuera es como la Escritura nos describe por naturaleza. Nosotros también somos los muertos.

Usemos nuestra creatividad e imaginemos que alguien con más sentido común que un zombi fue hasta un cuerpo muerto con nada más que buenas intenciones. En un tono no demasiado autoritario, como para no parecer grosero, pero lo suficientemente fuerte como para denotar su importancia, declara: «¡Vive!». Se queda mirando el cuerpo, los dedos, esperando algún tipo de espasmo o movimiento. Al ver que nada ha cambiado, que el cuerpo sigue frío e inmóvil, vuelve a intentarlo, pero esta vez, con otra palabra: «¡Siente!». Y luego, otra: «¡Piensa!». Como observador, supondríamos que la persona que está viva se ha vuelto loca. «¿No sabe acaso que el otro está muerto? ¿No se da cuenta de que lo único que puede hacer un cuerpo muerto es nada?». Parece evidente, pero ¿no te sorprende que esta situación nos describa cuando intentamos ser santos sin el poder de resurrección del Espíritu Santo?

En nuestra condición natural, Pablo nos describe como «muertos en [nuestras] transgresiones y pecados», con una mente «enemiga de Dios», que «no se somete a la ley de Dios, ni es capaz de hacerlo», porque «los que viven

según la naturaleza pecaminosa no pueden agradar a Dios»
(Ef. 2:1-2; Rom. 8:7-8). ¿Y cómo sería eso en la práctica?
En realidad, es sencillo. Sería como ir por la vida como si
Dios no fuera real. Ni bueno. Ni justo. Ni sabio. Ni veraz.
Ni nuestro Hacedor. Antes de que el Espíritu respire vida
en nosotros, amamos la oscuridad y todo lo que esta crea.
Tomamos el cuerpo que Dios hizo y le decimos que nos
obedezca *a nosotros.* Miramos a nuestro prójimo a la cara,
ignoramos la imagen de Dios en él y lo llamamos por un
nombre que Dios jamás pronunciaría. Nuestra arrogancia
es mentirosa al punto de que, en el infierno, hay millones
que pensaron que el cielo les abriría las puertas de par
en par simplemente porque iban a la iglesia. O porque
una vez apadrinaron a un niño. O porque leían un libro
santo antes de ir a dormir. Somos tan fáciles de engañar, e
incluso entonces, nuestros corazones endurecidos tropiezan
con la verdad y la siguen tratando como una mentira. Es
una piedra pesada que llevamos dentro. Tan pesada que,
si alguien nos dice que Jesús es el fuerte, esa piedra o
nosotros no nos movemos porque haríamos lo que fuera por
evitar que Dios se acerque demasiado. ¿Por qué? Porque la
condición real del pecador es que él, o mejor aún, nosotros
no lo *queremos* ni queremos ser *como* Él.

El predicador tal vez diga: «¡Vive!». Pero nosotros
no nos movemos. El ataúd es nuestro hogar y, de todas

formas, estamos demasiado muertos como para salir de él. El evangelio puede llamarnos a «sentir», pero no podemos. Nuestros afectos están tan arraigados en el pecado, tan enamorados del infierno, que se niegan a entregar su amor a Dios. El que no ha sido regenerado deriva su gozo del pecado, y no de Dios. La Escritura puede clamar: «¡Piensa!», pero hasta que Dios diga: «Que haya luz en la oscuridad», no la habrá (2 Cor. 4:6, NTV). La mente de un muerto no puede interesarse en los pensamientos de los vivos, y por más que lo intentara —como hacemos antes de ser resucitados—, no puede aceptar tales cosas. Cuando escuchamos algo espiritual como: «Si alguien quiere ser mi discípulo, que se niegue a sí mismo, lleve su cruz cada día y me siga» (Luc. 9:23), nos parece tonto y creemos que nuestra evaluación de la verdades espirituales es en realidad sabiduría. Al considerarnos sabios, nos volvemos necios (1 Cor. 1:18-27; 3:18; Rom. 1:22). Esto es típico de lo que la Escritura llama «el hombre natural», también conocido como el muerto (1 Cor. 2:14; Ef. 2:15, 4:8, LBLA). «Pero el hombre natural no acepta las cosas del Espíritu de Dios, porque para él son necedad; y no las puede entender, porque se disciernen espiritualmente» (1 Cor. 2:14, LBLA). La ignorancia no es la única razón por la cual las personas no acuden a Dios en busca de perdón, sino también la ceguera. La mente está en la misma condición que el corazón, ambos oscurecidos e incapaces de funcionar correctamente y de comportarse en forma justa (Rom. 1:21).

La absoluta falta de vida del corazón y la mente es lo que hace que sea imposible obedecer la ley moral de Dios. Por eso no quise empezar este capítulo con sugerencias anecdóticas de cómo ser santo sin primero abordar por qué no podemos serlo. Ya tenemos demasiados muertos que se visten con ropas limpias y memorizan el lenguaje de los vivos por diversión. Somos propensos a mirar la ley de Dios con una extraña confianza en nosotros mismos, una seguridad o ego interior que exagera nuestras propias habilidades, producidas por nada más y nada menos que la carne; el espíritu de nuestra época trabaja sin cansancio, sobresale en todo y no descansa jamás... y llevamos todo esto a nuestra búsqueda de santidad. Al desear métodos humanos para la madurez, una manera natural de ser celestiales, nuestras motivaciones tristemente están erradas. Según ellas, sentimos que podemos esforzarnos por alcanzar la santidad, cuando el prerrequisito que Dios puso para nuestra santificación sencillamente empieza con: «crean en aquel a quien él envió» (Juan 6:29). Que no te quepa la menor duda, no tenemos ningún poder en nosotros mismos para hacer lo que Dios quiere de nosotros. No importa cuán seguros nos sintamos ni lo ortodoxo que sea nuestro pensamiento, un poder independiente de nosotros debe transformarnos desde adentro hacia afuera. Debemos recibir vida antes de poder ser hechos santos.

Y para recibir vida, hay que nacer de nuevo. Así como un cuerpo muerto no puede hacer nada, una naturaleza muerta no puede ser santa. Tal como lo describen las Escrituras, un corazón de piedra es lo que nos impide ser como Dios. Se lo llama así porque las piedras son algo conocido para todos los que viven sobre la tierra. Una piedra no tiene sentimientos, es algo inerte e inamovible si es una montaña, siempre dura. El corazón se refiere al centro moral o al lugar desde el cual brotan todas nuestras acciones. Entonces, nuestro centro moral es tan inerte como una roca. Salomón fue en pos de otros dioses porque su corazón se volvió a ellos (1 Rey. 11:4), y otros males nacen del mismo lugar endurecido. Jesús nos dijo lo siguiente: «Porque del corazón salen los malos pensamientos, los homicidios, los adulterios, la inmoralidad sexual, los robos, los falsos testimonios y las calumnias» (Mat. 15:19). Y esto: «El que es bueno, de la bondad que atesora en el corazón produce el bien; pero el que es malo, de su maldad produce el mal, porque de lo que abunda en el corazón habla la boca» (Luc. 6:45). ¿Qué fruto esperarías que crezca de esta clase de suelo? Coloca la semilla, riégala, deséale buena suerte y espera para ver cómo nada útil sale de ese trabajo a menos que el sol la cubra y transforme la piedra en suelo.

Cuando nacemos de nuevo, eso es lo que nos sucede. El Espíritu que se movía sobre la superficie de las aguas viene a la tierra, al hombre natural, nacido de la tierra (Gén. 1:2). No viene porque lo hayan invitado, como nuestras canciones quieren hacernos creer, ni se mueve porque le hayamos dado permiso. Se ha vuelto un hábito hablarle al Espíritu y sobre el Espíritu como si fuera una energía, una fuerza o un niño que depende de nuestras palabras para actuar. El Espíritu de Dios *es* Dios; por lo tanto, Su naturaleza trascendente lo separa de nosotros, y a la vez lo define como independiente *de nosotros.* El Espíritu Santo hace lo que quiere, cuando quiere, donde quiere y como quiere. Sobre el Espíritu, Jesús dijo: «El viento sopla *por donde quiere*, y lo oyes silbar, aunque *ignoras de dónde viene y a dónde va*. Lo mismo pasa con todo el que nace del Espíritu» (Juan 3:8, énfasis añadido). El Espíritu de Dios opera con total libertad, de manera que ninguna fuerza externa lo restringe. Esto puede darle un nuevo significado a «donde está el Espíritu del Señor, allí hay libertad» (2 Cor. 3:17). Lo mismo sucede con todo el que recibe el Espíritu; Él le provee lo que siempre tuvo para dar.

Lo hace a través del milagro de la *regeneración* (Tito 3:5). Esta es la obra sobrenatural del Espíritu Santo,

SANTO CÓMO?: UNA VISIÓN SANTA

que concede vida al pecador muerto, dándole la capacidad de ejercer fe y nuevas inclinaciones hacia Dios.[2] El Señor prometió hacer esto con Israel y con nosotros. A través del profeta Ezequiel, dijo: «Les daré un nuevo corazón, y les infundiré un espíritu nuevo; les quitaré ese corazón de piedra que ahora tienen, y les pondré un corazón de carne. Infundiré mi Espíritu en ustedes, y haré que sigan mis preceptos y obedezcan mis leyes» (Ezeq. 36:26-27). El nuevo nacimiento —cuando el Espíritu hace que un corazón muerto cobre vida— es el génesis de nuestra santidad.

En nuestra carne, intentamos intercambiar el orden desde el cual puede nacer la santidad. Obedecer las reglas y cumplir Sus estatutos no *hace* que el Espíritu venga ni que regenere el alma. Nadie nace espiritualmente «por voluntad humana», porque «lo que nace del cuerpo es cuerpo» (Juan 1:13; 3:6). Es decir, solo podemos dar a luz a nuestra propia especie. Tan solo podemos reproducir una réplica de lo que somos. El hombre natural solo puede generar otro hombre natural. Aun si Eva se hubiera esforzado todo lo que podía por dar a luz a un nuevo ser desde su vientre, sus hijos, nietos y bisnietos habrían participado de su depravación. Todo bebé es un espejo que se remonta a Adán. Los niños que acaban de salir del

---

[2] Definición adaptada de *«Regeneration: An Essay by Matthew Barrett»,* https://www.thegospelcoalition.org/essay/regeneration/.

vientre son *nuevos* en el sentido de que todavía no han estado en el mundo, pero ninguno es nuevo en el sentido de tener una naturaleza diferente de la carne que los produjo. Somos pecadores porque nuestros padres también son pecadores. A diferencia de los hijos que nacen del Espíritu, cuyo primer gemido es santo. Lo que antecede a su nacimiento es la implantación de la naturaleza del Dios santo, donde reciben el poder de ser como Dios en Su justicia, pero no el poder de ser Dios. Completamente al revés de la mentira de Satanás. La razón original por la que fuimos creados, para ser humanos y santos.

De una manera que parece al azar, el Espíritu toca a los muertos en un banco, en un autobús, en una discoteca, en una esquina, en una habitación, donde sea... y al instante, el hombre natural es transformado en un ser espiritual. Se lo podría llamar la resurrección espontánea del ser interior. Ese corazón de piedra con sus amores desordenados y sus lealtades desalineadas es reemplazado por uno nuevo hecho de carne. El corazón de la carne es completamente distinto del corazón de piedra, en el sentido de que es un corazón *de verdad.* Uno que está vivo. Puede sentir y responder. Una vez que este nuevo corazón es implantado, los oídos escuchan «en vivo» y el corazón de carne envía sangre a los miembros para que puedan moverse hacia Dios. Las palabras *sentir* y *pensar* ya no flotan como aves sin nido. De la ventana de Noé, salen palomas cuyas patitas tienen un lugar donde aterrizar. Ese nuevo corazón no tiene lugar para las cosas impías que solía guardar, pero de ninguna manera permanece vacío. Lo que el viejo hombre solía amar es reemplazado por un afecto más alto y satisfactorio hacia Dios. Thomas Chalmers dijo, refiriéndose al nuevo nacimiento: «Es entonces que el corazón, sujeto bajo el dominio de un afecto grande y predominante, es librado de la tiranía de sus deseos anteriores».[3]

La santidad empieza cuando el viejo hombre ha muerto y el nuevo hombre ha cobrado vida (2 Cor. 5:17). Archibald Alexander lo resumió de la siguiente manera: «Con facilidad se puede afirmar en general que, mediante este cambio, se implanta un principio de santidad, se comunica vida espiritual, la mente es iluminada, la voluntad es renovada y los afectos son purificados y elevados a objetos celestiales».[4] De principio a fin, la obra del Espíritu es un regalo que el hombre natural no pidió pero recibió igualmente.

---

[3] Thomas Chalmers, *The Expulsive Power of a New Affection*, (Wheaton, IL: Crossway, 2020).

[4] Alexander Archibald, *Thoughts on Religious Experience* (Carlisle, PA: Banner of Truth Trust, 1978), 79.

«Porque por gracia ustedes han sido salvados mediante la fe; esto no procede de ustedes, sino que es el regalo de Dios» (Ef. 2:8).

Una visión santa

Después de hacer que cobremos vida, ¿cómo nos hace santos el Espíritu? Primero, nos da una visión santa.

Con un nuevo corazón, viene una visión nueva. El velo que estaba delante de la línea de visión del hombre natural desde el nacimiento se rompe en dos cuando irrumpe la luz divina. A medida que la oscuridad se desvanece, Cristo por fin se puede ver con ojos nuevos, ¿y no es hermoso?

Alguna vez escuché que nos transformamos en aquello que contemplamos. Sobre los ídolos y las personas que los adoran, Dios declaró a través del salmista: «Los ídolos de ellos son plata y oro, obra de manos de hombre. Tienen boca, y no hablan; tienen ojos, y no ven; tienen oídos, y no oyen; tienen nariz, y no huelen; tienen manos, y no palpan; tienen pies, y no caminan; no emiten sonido alguno con su garganta. *Se volverán como ellos, los que los hacen, y todos los que en ellos confían*» (Sal. 115:4-8, LBLA, énfasis añadido). Hablar de su confianza es también hablar de sus ojos espirituales y de lo atentos que están a todo lo que fue creado. En este caso, ver implica creer. Es una fe muerta a Dios, sí, pero viva a los ídolos. Y esa fe obra para transformar al que ve en aquello en lo cual ha puesto los ojos de su corazón, tal es así que, al mirar a un ídolo con la esperanza de que sea algo que no puede ser, con el tiempo, el que ama a su ídolo se termina transformando a imagen de ese ídolo. No oír, no hablar, no ver es participar de la muerte de su ídolo, la inclinación de los rebeldes. «Hijo de hombre, tú vives entre rebeldes *que tienen ojos pero se niegan a ver; tienen oídos pero se niegan a oír*, porque son un pueblo rebelde» (Ezeq. 12:2, NTV, énfasis añadido). Observa a una persona de cerca, y al poco tiempo, podrás discernir qué o a quién mira más. Si es el Creador, verás gloria. Si es la criatura, verás oscuridad. Nuestra rebelión está arraigada en nuestra naturaleza pecaminosa, sí, pero lo que nuestra naturaleza pecaminosa le hizo a nuestra vista es parte de la razón por la que vivíamos como vivíamos.

Juan hizo la conexión entre ver y pecar cuando escribió: «Todo el que practica el pecado no lo ha *visto* ni lo ha conocido» (1 Jn. 3:6, énfasis añadido). Y otra vez: «el que hace lo malo no ha *visto a Dios*» (3 Jn. 1:11, énfasis añadido). Las afirmaciones son desconcertantes, y para nosotros, tal vez parezca una contradicción cuando las comparamos con pasajes que al referirse a Dios declaran: «a quien nadie ha visto ni puede ver» (1 Tim. 6:16). Pero no hay necesidad de inquietarse, porque la manera de ver a la que Juan se refiere es distinta a la que solo Jesús conocía (Juan 1:18). La de Juan es la misma de la que habló Pablo cuando oró: «no he dejado de dar gracias por ustedes al recordarlos en mis oraciones. Pido que el Dios de nuestro Señor Jesucristo, el Padre glorioso, les dé el Espíritu de sabiduría y de revelación, para que lo conozcan mejor. Pido también que les sean *iluminados los ojos del corazón* para que sepan a qué esperanza él los ha llamado» (Ef. 1:16-18, énfasis añadido). Esta clase de visión solo puede venir mediante la regeneración. Antes de que seamos llevados a pararnos sobre nuestras tumbas en victoria sobre el pecado y la muerte, podemos tener ojos naturales para ver el cielo, nuestra piel, las hojas y cómo cambian de color en otoño, pero aunque podemos ver con esos ojos, no *vemos* la gloria que se puede contemplar con ellos y cómo son evidencia de que existe Dios. Los atributos invisibles de Dios se perciben o se *ven* claramente con los ojos, pero no con el corazón, y por eso nos negamos a honrar a Dios como Dios (Rom. 1:20-21).

Ser ciegos en este sentido es no reconocer a Dios como la belleza suprema que es, lo cual nos lleva a vivir como si todo lo que Dios hizo es más hermoso que Él. Este es sin duda el pecado detrás de todos los pecados. «Lo que hace que nuestra condición pecaminosa sea tan devastadora es que somos ciegos a la gloria divina, ciegos a la belleza de

Cristo en el evangelio. Podemos mirarla de frente al leerla en la Biblia, o escucharla cuando se predica al respecto, o cantar sobre ella, y no vemos nada glorioso».[5] Esto explica por qué uno de los regalos del nuevo nacimiento es el regalo de la vista santa.[6] En nuestra conversión, el Espíritu no solo resucitó a un corazón muerto, sino que también nos dio los ojos para ver y disfrutar de la belleza que es Dios. Ver a Dios como es, en toda Su gloria santa, es lo que transforma nuestras vidas.

En el tercer capítulo de 2 Corintios, Pablo habla sobre cómo la obra del Espíritu de quitar nuestra ceguera, para ayudarnos a ver a Dios (una visión santa) es transformadora porque conduce a la piedad: «pero cuando alguno se vuelve al Señor, el velo es quitado. Ahora bien, el Señor es el Espíritu; y donde está el Espíritu del Señor, hay libertad. Pero nosotros todos, con el rostro descubierto, *contemplando como en un espejo la gloria del Señor, estamos siendo transformados en la misma imagen de gloria*

---

[5] John Piper, *«Why Do Christians Preach and Sing?»*, 3 de enero de 2015; https://www.desiringgod.org/messages/why-do-christians-preach-and-sing.

[6] Adaptado de la cita de Piper, «... la conversión, la fe, la salvación, el nuevo nacimiento, todo es un regalo de visión», en *«Seeing and Savoring the Supremacy of Jesus Christ Above All Things»*, 1 de enero de 2012; https://www.desiringgod.org/messages/seeing-and-savoring-the-supremacy-of-jesus-christ-above-all-things.

en gloria, como por el Señor, el Espíritu» (2 Cor. 3:16-18, LBLA, énfasis añadido). La situación en la cual Pablo se apoyó fue cuando Moisés subió al monte Sinaí para recibir de Dios las dos tablillas de piedra donde estaba grabada la ley. Después de estar con Dios durante 40 días y 40 noches, Moisés descendió de la montaña, se reunió con el pueblo, y para su sorpresa, su piel brillaba «porque había hablado con el Señor» (Ex. 34:29, NTV). Como el pueblo tenía miedo y no quería acercarse a Moisés mientras su rostro resplandecía con una gloria residual, él se colocó un velo sobre la cara para cubrir, por así decirlo, esta gloria de los ojos del pueblo.

De la misma manera, antes de que el Espíritu nos dé ojos para ver, estamos completamente ciegos a la gloria, ciegos a la belleza de Dios, como ya hemos podido ver, pero al acercarnos al Señor (lo cual también es la obra del Espíritu que nos da vida para que podamos acercarnos), el velo que cubre nuestro corazón y que evita que veamos y nos deleitemos en esa gloria es quitado. Un capítulo más adelante, se nos vuelve a decir que nuestra *visión* es un regalo, y con ese regalo, podemos ver la gloria. «El dios de este mundo *ha cegado la mente de estos incrédulos, para que no vean la luz del glorioso evangelio de Cristo*, el cual es la imagen de Dios. [...] Porque Dios, que ordenó que la luz resplandeciera en las tinieblas, hizo brillar su luz en nuestro corazón *para que conociéramos la gloria de Dios que resplandece en el rostro de Cristo*» (2 Cor. 4:4, 6, énfasis añadido). John Piper dijo una vez: «¿Qué fue lo mejor que el evangelio compró para nosotros? El perdón de pecados, la justificación, la vida eterna: todas esas cosas son gloriosas. Son todos medios para un fin, y *el fin* es la luz del evangelio de la gloria de Cristo, la belleza de Cristo, la persona que resplandece».[7] En otras palabras, nuestro perdón, justificación y expiación merecen alabanza, pero estos dones no son más altos que el don supremo, que es Dios mismo, verlo y conocerlo para siempre. Tuvimos que ser perdonados para que pudiéramos conocer a Dios. Tuvimos que ser justificados para que pudiéramos conocer a Dios. Nuestros pecados tuvieron que ser expiados para que pudiéramos conocer a Dios. Esto es lo que hace que la buena noticia sea buena, que estábamos ciegos y ahora podemos ver... a Dios.

Como afirma la Biblia, nos transformamos en aquello que contemplamos. Es cierto para los que adoran ídolos y también para los hijos de Dios. Para repetir un pasaje que ya incluí: «Pero nosotros todos, con el rostro descubierto, *contemplando como en un espejo la gloria del*

---

[7] John Piper, «*The Highest Good of the Gospel*», 17 de octubre de 2013; https://www.desiringgod.org/messages/the-highest-good -of-the-gospel.

Señor, estamos siendo transformados en la misma imagen de gloria en gloria» (2 Cor. 3:18, LBLA, énfasis añadido) ¿Y qué es exactamente esta gloria que debemos contemplar? O, si tuviera que preguntarlo de otra manera, ¿qué tiene Jesús que, al contemplarlo, yo también me vuelvo como Él?

Glorias para contemplar

Para muchos, la contemplación empieza con la gloria de Su amor, comunicada más claramente en Su encarnación, crucifixión y resurrección. «Pero Dios demuestra su amor por nosotros en esto: en que cuando todavía éramos pecadores, Cristo murió por nosotros» (Rom. 5:8). Como dije anteriormente, pero de otra manera, nacemos pensando que sabemos qué es el amor, y al principio, lo que sabemos sobre él no es algo que nos enseñaron ni una cuestión del intelecto, sino que es tangible y se experimenta. Llegamos al mundo con padres que nos aman y nos lo dicen. Al escucharlo, grabamos ese lenguaje en nuestra mente, pero *verlo* es lo que nos forma y lo que forma nuestra manera de entender el amor. A esto podría deberse que el término en sí y nuestro amor del mismo sean tan fundamentales para nuestra comprensión de Dios, y por qué el Espíritu tiene que reorientar, profundizar y revelar las diferencias entre el amor que hemos conocido y el amor que Cristo mostró.

Lo que quiero decir es lo siguiente: el amor de nuestros padres, cónyuges, novios, vecinos, mejores amigos, primos y abuelos no puede compararse con la inmensidad del amor de Dios. El amor de cada persona que mencionamos, sin importar cuánto te ame, nunca podría salvar tu alma. Pero Cristo, a través del cual fueron hechos tus padres, cónyuge, novio, novia, vecino, mejor amigo, primos y abuelos, tomó una decisión. Te vio intentando saciar tu sed en cisternas rotas y no permitió que tu ceguera que te impedía ver la fuente satisfactoria de agua viva que Él es le impidiera hacerse como tú, para poder ayudarte. El Dios trascendente que existe de manera distinta de todo lo que fue creado se hizo carne, vivió encarnado y en medio de otras personas hasta que, en la cruz, Su carne exhaló el último aliento. El sepulcro, un lugar real y también una metáfora para nuestro estado antes de creer, es donde Su cuerpo yació antes de que el Espíritu lo levantara al tercer día (Rom. 8:11). Todos sabemos cuán importante es el momento oportuno, y si no supiera cómo son las cosas, supondría que, como Cristo murió en ese entonces, perdí la oportunidad de tener vida ahora; pero la sangre de Jesús no quedó atrapada en el tiempo y el espacio. Para Pablo, afirmar que «*cuando todavía* éramos pecadores, Cristo murió por nosotros» (Rom. 5:8, énfasis añadido) implica decir que, aunque la muerte sustitutiva de Cristo sucedió antes de que yo naciera o pecara, la aplicación de Su gracia salvadora sigue estando presente y disponible hoy como en ese entonces. Gloria.

Otra gloria para contemplar es la paz de Cristo. Antes de Su crucifixión, Jesús les dijo a Sus discípulos: «La paz les dejo; *mi paz* les doy» (Juan 14:27, énfasis añadido). La paz que Jesús promete dar es la paz que Él mismo tiene. Esta paz es el *shalom* del corazón y la mente, que no se estremece ante lo que ha de venir ni se desestabiliza con lo que ya está aquí. Cuando vas en tu Biblia al momento en que Jesús calmó el mar, ¿tu corazón lo contempló allí? Ahí está, en una barca sacudida por las olas y que no se mantiene en su lugar, cuando el agua caótica decide entrar al barco y desparramarse por la cubierta, amenazando con sepultarlos antes del atardecer. Todos los que están a bordo sienten el mar azul en sus pies, que les va subiendo hasta las rodillas. Corren a la popa, y ¿qué ven? Paz. Jesús está tranquilo, durmiendo, descansando. Con los ojos cerrados, el cuerpo acurrucado para mantener el calor, mientras arriba, se desata el caos. ¿Podría deberse esto a un agotamiento extremo? Resucitar muertos y predicar a los muertos son tareas cansadoras, sin duda, pero a la ansiedad no le importa el cansancio; te mantiene despierto como para convencerte de que no debes dormir, no sea que pierdas el control. Esta es la paz esencial para un Dios santo.

Uno que conoce todas las cosas y controla todas las cosas no puede y no será perturbado por aquello de lo que tiene un infinito conocimiento y sobre lo cual tiene una absoluta soberanía. Debajo de la ansiedad humana, hay una inversión de identidad, en la cual lo finito intenta ser infinito. Con nuestro conocimiento finito, queremos saber todo, para que nada nos tome por sorpresa. Con nuestras habilidades finitas, queremos e intentamos controlar todo, para que nada nos controle. Fallamos en ambos casos, porque es imposible ser como Dios de esa manera, y esto hace que la paz de Dios eluda a los que más la necesitan. Pero miremos a Jesús. Está permanentemente calmado, impasible y despreocupado al punto de que puede dormir como un bebé mientras la tormenta azota Su lugar de descanso. Como es el Creador y, por ende, el Señor de la tormenta, le manda que haga lo que Él siempre ha hecho y lo que nunca duda hacer: «¡Cálmate, sosiégate!». Gloria.

Otra gloria digna de ver y de saborear[8] es la bondad de Dios. Su bondad suele usarse como un incentivo, relativo a Su bondad para con nosotros. «Ustedes, por el contrario, amen a sus enemigos, háganles bien y denles prestado sin esperar nada a cambio. Así tendrán una gran recompensa

---

[8] La frase «ver y saborear» está tomada del título del libro de John Piper, *Seeing and Savoring Jesus Christ* [Ver y saborear a Jesucristo] (Wheaton, IL: Crossway, 2004).

y serán hijos del Altísimo, porque él es bondadoso con los ingratos y malvados» (Lucas 6:35). Cristo, el Rey bondadoso, no camina en la clase de bondad que nace de un puro sentimiento y una amabilidad superficial. Su bondad no es una forma elevada de cordialidad, como si Su sonrisa a los pecadores fuera tan solo eso, una sonrisa, y nada más. Como si no hubiera un corazón tierno. Ningún compromiso de pacto para hacer el bien. Ningún interés genuino en su bienestar, que no va más allá de un acto espontáneo de benevolencia, observable tan solo cuando así lo siente. No, no, no. Él es rico en bondad para con aquellos que nunca la merecieron. Al justo y al injusto, Él les ha dado una vida diaria llena hasta el borde de risas entre amigos, amor entre amantes, un vientre para llevar nueva vida, comida, cultura y entretenimiento, una diversidad de deleites. No ha retenido estas alegrías de ninguno de los hijos de Adán. Están disponibles para todos nosotros, incluso para aquellos que nunca le entregarán su corazón a cambio.

Como si eso fuera poco, gastó la riqueza de Su bondad en el sacrificio de Su cuerpo. «Aunque era rico, por causa de ustedes se hizo pobre, para que mediante su pobreza ustedes llegaran a ser ricos» (2 Cor. 8:9). Al vaciarse para transformarse en hombre, dejó de lado los derechos y las riquezas de Su deidad para que en Él, en virtud de Su suprema bondad, pudieras ser rico. La prosperidad de la que estamos hablando excede absolutamente a la riqueza del dinero. Sería un gesto insensible hacia nosotros y algo inconcebible para Cristo que diera Su vida tan solo para darnos una seguridad financiera, sabiendo que, con el tiempo, las polillas y el óxido destruirían lo que recibimos de Su mano. Las riquezas que heredamos son de una clase distinta y más duradera de gloria. En ella, hay «toda bendición espiritual», una herencia de la cual «fuimos hechos herederos» para «alabanza de su gloria» (Ef. 1:3, 11-12). Somos «herederos de Dios» y «coherederos con Cristo», y un día, «tendremos parte con él en su gloria» (Rom. 8:17); la gloria de la cual se vació para que pudiéramos participar de ella. Fue Pablo el que dijo: «*Al fin y al cabo, todo es de ustedes, ya sea Pablo, o Apolos, o Cefas, o el universo, o la vida, o la muerte, o lo presente o lo por venir; todo es de ustedes*» (1 Cor. 3:21-22, énfasis añadido), y nuestro Señor fue el que declaró: «El que salga vencedor *heredará todo esto, y yo seré su Dios y él será mi hijo*» (Apoc. 21:7, énfasis añadido).

Si se puede decir algo más sobre la bondad de Dios —y siempre hay más para decir—, sería cómo, debido a ella, podemos ver al Dios trascendente que creó los cielos y la tierra, conocerlo, hablar con Él, escucharlo, hablar sobre Él, deleitarnos en Él y vivir eternamente a Su lado.

¿No es esta acaso la raíz de nuestro gozo regenerado? ¿Por qué otra razón le hemos dado a Dios nuestras canciones, poemas, palabras, sabiduría, cuerpo, mente, matrimonio, hijos, corazón y el primer saludo de la mañana, sino es por el clamor de gozo de nuestro corazón al conocerlo? Su bondad nos fue dada para llevarnos al arrepentimiento (Rom. 2:4), y lo ha hecho (es decir, a aquellos que nacieron de nuevo). Él es el glorioso, trascendente sobre todas las cosas pero lo suficientemente cercano como para ser descubierto por la mirada sin velo. Al acercarnos, nuestros ojos fueron abiertos al Dios único e incomparable, el cual fue y es y ha de venir, y todo lo que hemos visto es infinitamente mejor de lo que vayamos a ver. Porque ¿qué hemos hecho para merecer que nos ponga la otra mejilla y nos extienda la mano? Nada. Nosotros hemos recibido estas cosas porque la naturaleza santa de Dios es ser así de bueno. Ah, la benevolente bondad de Dios. Gloria.

Estos atributos que ahora tenemos ojos para ver tan solo rozan la superficie de lo que podemos contemplar sobre Dios. Tan solo nos brindan facetas de Su gloria, una gloria que nos llevaría toda la eternidad asimilar. Pero al contemplar esa gloria, como la vemos en el Hijo, aunque sea en partes, atisbos y facetas, somos transformados a Su imagen, y como hemos observado, esa imagen es una de santidad sin límites. Observa que las glorias destacadas anteriormente —amor, paz y bondad— también son tres de las características visibles en las vidas de aquellos guiados por el Espíritu Santo. «En cambio, el fruto del Espíritu es amor, alegría, paz, paciencia, amabilidad, bondad, fidelidad, humildad y dominio propio» (Gál. 5:22-23). El fruto del Espíritu produce en nosotros el carácter mismo de Jesús. En la exposición de 2 Corintios 3 de Alexander MacLaren, él dice: «Si miras de cerca el ojo de un hombre, verás en él miniaturas de lo que contempla en ese momento; y si nuestro corazón está contemplando a Cristo, Él se reflejará y se manifestará en nuestros corazones. Nuestro carácter mostrará lo que estamos mirando, y debería, en el caso de los cristianos, mostrar Su imagen con tanta claridad que los hombres no puedan más que darse cuenta de que hemos estado con Jesús».[9] Al contemplar, somos transformados.

---

[9] Alexander MacLaren's *Exposition of Holy Scripture*; https://biblehub.com/commentaries/maclaren/2_corinthians/3.htm.

Capítulo 7

¿Santo cómo?: Contempla, nos transformamos

COMO HEMOS EXPLORADO, PARECERNOS cada vez más a Cristo se llama santificación, o como muchos dicen, «transformación». Para refrescarte la memoria: «Así, todos nosotros, que con el rostro descubierto reflejamos como en un espejo la gloria del Señor, *somos transformados a su semejanza con más y más gloria*» (2 Cor. 3:18, énfasis añadido) Si cambiamos de idioma un momento, podemos ver la plenitud de la palabra y cómo se usa en otro lugar. ¿A qué me refiero? A que, en el idioma original, transformación es lo mismo que transfiguración. Es probable que en su mente, Pablo estuviera conectando la transfiguración de Cristo con la transformación de los cristianos. La metamorfosis que Jesús experimentó ante los tres discípulos fue distinta a la nuestra, en el sentido de que Su transfiguración reveló Su gloria. Cuando Su rostro «resplandeció como el sol» y

Su ropa se volvió «blanca como la luz», fue la gloria interior de la naturaleza de Cristo la que resplandeció a través del cuerpo de carne que la encubría (Mat. 17:2). Como lo expresa un comentario:

> ... no es que haya mostrado Su naturaleza divina ni dejado de lado Su cuerpo humano; Su naturaleza corporal permaneció por completo, pero la impregnaba una refulgencia que señalaba a la Deidad. Tal vez se podría decir que, como un escritor antiguo lo expresa, la transfiguración no fue tanto un milagro nuevo sino el cese temporal de un milagro habitual; porque el ocultamiento de Su gloria fue la verdadera maravilla, la restricción divina que prohibía la iluminación de Su humanidad sagrada.[1]

Lo que los discípulos contemplaron fue la esencia interior de Dios, la fuente de toda la luz divina que trascendía, transformando la apariencia visual de Jesús. De la misma manera —pero a su vez diferente— que Moisés, el cual después de estar con Dios, manifestó una apariencia distinta en su rostro, con una luz visible que resplandecía. La diferencia es que la gloria del rostro de Moisés era una

---

[1] Joseph S. Exell, ed. general, *The Pulpit Commentary*, Mateo 17 (2019, edición para Kindle).

gloria *reflejada*. En el caso de Jesús, la transfiguración mostró Su gloria *inherente*.[2] Lo mismo sucede con cualquier cristiano que contempla la gloria del Señor; tan solo puede reflejar lo que ha visto. Y algo más profundo que eso, solo puede ser santo —un estado visible y discernible del ser— si se le ha regalado una naturaleza santa. Solo podemos ser lo que realmente somos, y si nacimos de nuevo, tenemos una gloria interior que resplandece desde el Espíritu del Dios vivo que es el agente de nuestra propia transfiguración. Lo suficientemente brillante para que el mundo vea. Lo suficientemente real como para probar que ser cristiano es ser auténtico y, por lo tanto, mostrar la santidad al transformarnos en una nueva criatura.

Es importante hacer constar que, aunque el Espíritu es el que nos permite ver, al regenerar nuestra naturaleza, convertir nuestra alma y darnos poder para andar «como hijos de luz» (Ef. 5:8), seguimos teniendo la obligación de participar con el Espíritu en este proceso de santificación. Esto quiere decir que nuestro crecimiento en santidad no es pasivo en absoluto. Filipenses 2:12-13 habla sobre la paradoja que puede ser la santificación cuando dice: «Así que, mis queridos hermanos, como han obedecido siempre —no solo en mi presencia, sino mucho más ahora en mi

---

[2] R. C. Sproul, sermón: «La transfiguración (Marcos 9:2-12)», https://www.youtube.com/watch?v=rzSSdijKz_I&t=1033s.

ausencia— lleven a cabo su salvación con temor y temblor, pues Dios es quien produce en ustedes tanto el querer como el hacer para que se cumpla su buena voluntad». Una vez que somos levantados de los muertos, sería insensato suponer que no podemos ni debemos hacer nada para crecer en vivir como Dios vive, así como sería insensato pensar que una semilla plantada puede crecer sin que se riegue el suelo. Contemplar al Señor es algo fundamentalmente *activo*. El sol, con todo su esplendor, brilla sobre nosotros la mayoría de los días, pero solo lo ven aquellos que deciden levantar los ojos y mirar.

Pero ¿adónde miramos? ¿Qué nos puede mostrar semejante gloria que pueda transformarnos? El lugar donde mirar es sencillo, accesible y no está escondido. Las Sagradas Escrituras nos muestran una imagen constante de Dios, cómo se lo debe ver y comprender. Inspiradas por el Espíritu Santo, resguardadas por Él e interpretadas mediante Su ayuda que ilumina, es allí, en las páginas salpicadas de relatos, canciones, poemas y cartas, donde contemplamos a Cristo. Él es la gloria en todas estas cosas. El sistema de sacrificios, el chivo expiatorio, el dintel teñido de sangre, el tabernáculo y el lugar santo. Él es el hermano rechazado con la túnica de Su Padre. Es el que tiene la honda en la mano, el salvador de un pueblo apocado. Es el maná de la mañana y la luz de la noche. Es Isaac y el carnero, la escalera de Jacob y el Rey de David. Es la serpiente elevada y el Dios descendido. Es la fuente y el cumplimiento de la ley. Es el deleite del salmista y la explicación de la epístola. Alguien podría decir que tan solo tomé historias conocidas de la Escritura y cambié su significado, pero en realidad, sencillamente estoy dando testimonio de lo que dice el Evangelio de Lucas: «Entonces, comenzando por Moisés y por todos los profetas, [Jesús] les explicó lo que se refería a él en todas las Escrituras» (Luc. 24:27).

¿A dónde quiere llegar Jesús cuando intenta mostrarles a los discípulos la gloria de quién es Él? ¿Cómo los ayuda a contemplar todo lo que cumplió para ellos? La Escritura. No podemos contemplarlo con mayor claridad en otra parte que no sea la Palabra que Él mismo nos dio, y a medida que la leemos y la creemos, somos transformados. Como lo expresó Piper:

> Así diseñó Dios la función de las Escrituras en cuanto a la transformación humana y la gloria de Dios: las Escrituras revelan la gloria de Dios. Esta gloria, Dios mediante, es percibida por aquellos que leen la Biblia. Y esta visión, por la gracia divina, permite saborear a Dios por sobre todas las cosas: empezamos a atesorarlos, a esperar en Él, a percibirlo como nuestra mayor

recompensa, a disfrutarlo como nuestro bien que todo satisface. Y este saborear *transforma* nuestras vidas.[3]

Al decir que contemplamos a Dios en Su Palabra y que, por ende, somos transformados por lo que vemos, no me refiero a que ver sea suficiente. Siempre hubo y sigue habiendo una especie de engaño entre los religiosos respecto a que la mera lectura de la Palabra de Dios alcanza para transformar a sus lectores en personas piadosas. Que, por la mañana, cuando abrimos nuestra Biblia de tapa de cuero o accedemos a la aplicación móvil, somos transformados por el solo acto de leer. Dios sabe que quisiera que fuera así de sencillo, pero ¿no hemos conocido (o sido) personas que pueden citar la Biblia con facilidad mientras que se las arreglan para vivir como un demonio personificado? Incluso ellos (los demonios) saben lo que es bíblicamente cierto sobre Dios. Durante el ministerio terrenal de Jesús, los demonios fueron más rápidos que los humanos a la hora de reconocer la validez de la identidad de Jesús. Antes de rogar que les permitiera poseer a unos cerdos, lo llamaron: «Hijo del Dios Altísimo» (Mar. 5:7). El demonio que tenía su hogar en un hombre que visitaba la

---

[3] John Piper, *Reading the Bible Supernaturally* (Wheaton, IL: Crossway, 2017), 141.

sinagoga le dijo a Jesús: «Yo sé quién eres tú: ¡el Santo de Dios!» (Luc. 4:34). Con sarcasmo, Santiago elogió la «fe» infructuosa de los receptores de su carta, cuando escribió: «¿Tú crees que hay un solo Dios? ¡Magnífico! También los demonios lo creen, y tiemblan» (Sant. 2:19). Lo cual me dice que un demonio bien puede escuchar Deuteronomio 6:4 citado desde su púlpito favorito, el cual declara: «Escucha, Israel: El Señor nuestro Dios es el único Señor», y afirmar con entusiasmo demoníaco: «Amén».

La manera en la que interactuamos con lo que nos dice la Escritura nos distingue de los demonios siempre y cuando *creamos* lo que *vemos*. Los demonios han demostrado que conocen la información correcta sobre Jesús, pero se rebelan contra lo que saben y así muestran que su conocimiento de Dios es superficial en el sentido de que puede hacer que lo reconozcan pero no los lleva a glorificarlo. Lo mismo sucedía con los líderes religiosos de la época de Jesús. Sabían más que la mayoría y vivían peor que ellos. Uno pensaría que ser «maestros de la ley» los llevaría a una santidad particular, nacida de todo ese conocimiento, pero lo único que les había enseñado era cómo parecer santos sin realmente serlo. Eran «sepulcros blanqueados», una versión muerta de la pureza y la luz, con corazones similares a un cementerio, lleno de «huesos de muertos y de podredumbre» (Mat. 23:27).

Contemplar y creer

Al dejar en evidencia su ignorancia y su hipocresía, Jesús a menudo les recordaba a los fariseos sus títulos para mostrar la incoherencia de saber tanto y vivir de manera tan impía. Habían dedicado sus vidas a estudiar la Palabra de Dios, escudriñándola como si fueran a encontrar vida eterna en las palabras en sí cuando, en realidad, si tan solo hubieran creído lo que sabían, se habrían dado cuenta de que la vida eterna se encontraba en Cristo y solo en Cristo. Jesús les dijo: «*Ustedes estudian con diligencia las Escrituras* porque piensan que *en ellas* hallan la vida eterna. *¡Y son ellas las que dan testimonio en mi favor!* Sin embargo, ustedes *no quieren* venir a mí para tener esa vida» (Juan 5:39-40, énfasis añadido). Y ¿por qué después de estudiar con diligencia las Escrituras no quisieron ir a este Jesús, del cual las Escrituras dan testimonio? Porque no *creyeron* lo que *leyeron*. «Si *le creyeran a Moisés, me creerían a mí*, porque de mí escribió él. Pero, *si no creen lo que él escribió*, ¿cómo van a creer mis palabras?» (Juan 5:46-47, énfasis añadido). Aunque contemplaron a Cristo, no se transformaron en personas semejantes a Él, porque no vieron ni creyeron lo que ya estaba escrito sobre Él.

Hay una conexión increíble entre contemplar y creer, y en cómo estas cuestiones anteceden a la transformación.

¿Recuerdas cuando hablamos sobre los que adoran ídolos y cómo se parecen a aquello que contemplan? ¿Cómo se vuelven tan carentes de vida como los dioses que aman? ¿Observaste cómo describe el salmista la razón de esta transformación? Él dice: «Semejantes a ellos son sus hacedores, *y todos los que confían en ellos*» (Sal. 115:8, énfasis añadido). No se trata simplemente de que estén poniendo sus ojos en los ídolos, como hace un hombre frente a un rostro atractivo o un niño ante un dulce que nadie reclama. No. Sus ojos son una metáfora del lugar donde han puesto su fe. Miran porque creen. Los amantes de los ídolos actúan de esta manera porque confían en que el ser creado puede proveer, satisfacer, ayudar, proteger, etc. Y aun si esta fe es inútil, sigue siendo fe, una que transforma al que mira a la imagen de aquello en lo que más cree. Su fe mal dirigida informa su manera de vivir, porque lo que creemos gobierna nuestra conducta.

Después de alimentar a 5000 personas con una buena cantidad de pan y peces, Jesús le dijo a la multitud que Él era el verdadero alimento. Que aquello que comían, aunque era satisfactorio por el momento, no duraría demasiado. Algo similar al maná que sus ancestros sabían que se pudriría antes del amanecer, justo a tiempo para otra ronda de alimento celestial. Este pan, al igual que el de ellos, habría desaparecido a la mañana siguiente. Contra el telón de fondo de sus estómagos otrora satisfechos pero ahora vacíos —una parábola de sus almas a veces llenas y fácilmente vacías—, Jesús declara que Él es el pan de vida. Si el oyente promedio se parecía en algo al lector promedio de la Biblia, el testimonio de Jesús sobre sí mismo se transformaría en nada más que un buen versículo para citar, una frase alentadora para tener a mano o un tatuaje maravilloso con el cual convivir, pero lo que Jesús dijo sobre sí mismo no era para escuchar o ver solamente, sino para *creer,* porque las palabras se experimentan cuando las creemos.

Jesús les revela quién es y sigue describiendo lo que sucede cuando Sus palabras sobre lo que Él es se tratan como verdaderas: «Yo soy el pan de vida [...]. El que a mí viene nunca pasará hambre, y el que en mí cree nunca más volverá a tener sed» (Juan 6:35). «El que a mí viene» es lo mismo que «el que en mí cree». Para parafrasear las palabras del Señor, lo que está diciendo es: «El que cree en mí nunca más tendrá hambre ni sed, porque ha venido a mí y yo lo he llenado».

Jesús no quiere que ellos ni nosotros tengamos una relación intelectual con las palabras en sí, sino que, al creer, demos un fruto coherente con conocer a la persona que tiene el título. Considera tus pecados más agobiantes y cómo revelan las partes de ti que tienen hambre o sed.

En nuestro interior, hay un mundo de pasiones que batallan contra nuestra alma al tentar a nuestro corazón para que confíe en todo lo demás como un medio para saciar su sed y aquietar su quejido. Somos personas necesitadas, y esto no es nada de lo cual avergonzarse, porque la ausencia de necesidad le pertenece a Dios y solo a Él. Y si Dios no tiene necesidad, entonces es completamente suficiente en sí mismo, lo cual implica que tiene recursos ilimitados y que nunca precisará de otro para restaurar o guardar. Si esto es lo que significa que Dios sea pan —que realmente puede satisfacer de tal manera que nuestra hambre se ve reemplazada por plenitud y nuestra sed es saciada—, entonces no alcanza con decirte: «Deja de pecar». En cambio, te diré: «Contempla a Cristo; Él es el pan de vida. Acude a Él y sé saciado».

Creer y transformarse

¿De qué manera creer que Jesús es el pan de vida hace santo al que cree? Para seguir con la metáfora de la comida, el pan en particular no es algo liviano para comer (si se hace de manera correcta, por supuesto). Es pesado, denso, lleno de gluten y fácil de estirar. Dale pan a una familia y le habrás dado un alimento que llenará rápidamente sus estómagos. Una vez que se consume, al estómago no le queda lugar, el cuerpo está satisfecho al punto de que puede ver otro pedazo de pan, o de alimento, dinero, tentación sexual u oportunidad para el ego y no confundir el deseo con necesidad. Estar satisfecho implica estar pleno. Estar pleno significa que no queda lugar para nada más. Entonces, la santidad empieza a caracterizar a aquellos que confían en que Cristo los llene de Él porque todas sus necesidades, en cuerpo, mente y alma, se suplen en Dios, lo cual los libera de depender de cualquier otra cosa en el cielo y la tierra para hacer lo mismo.

El salmista Asaf sabía que esto era así, por lo que le dijo a Dios: «¿A quién tengo en el cielo sino a ti? Si estoy contigo, ya nada quiero en la tierra. Podrán desfallecer mi cuerpo y mi espíritu, pero Dios fortalece mi corazón; él es mi herencia eterna» (Sal. 73:25-26). No es como si el salmista no tuviera otros deseos. Al igual que nosotros, era un portador de imagen, y la imagen misma que tenía el privilegio de portar era la de Dios, el cual también tiene la capacidad de sentir. El poder sentir encuentra su origen en el mismo Dios. Así que nuestros afectos no son extraños ni fundamentalmente malos. Nos hacen humanos con el poder de amar y ser amados, de llorar con los que lloran, de disfrutar de nuestros amantes y amigos. Pero el mal uso que el pecado hace de estas cosas es lo que nos impulsa a comportarnos de manera inhumana. Cuando el pecado se entrelaza con nuestros afectos, causa conflicto, lujuria, envidia, celos, inmoralidad sexual, embriaguez, brujería, arrebatos de ira (Gál. 5:19-21). Pecamos porque *sentimos* deseos de pecar, y pecamos porque nos *encanta*. Con razón resistimos el llamado de la santidad como si fuera una pesadilla, porque tenemos demasiados deseos que compiten por nuestro corazón.

¿Qué podemos hacer con tales pecados o con el deseo de pecar? Primero, debemos destronarlos mediante el arrepentimiento, aceptando su incompetencia y la imposibilidad de que sean un amor que valga la pena, un pan sustancioso. Cuando el Espíritu regenera nuestra alma hambrienta, no la deja vacía como la tumba que dejó Jesús. En cambio, se nos da un nuevo corazón, como ahora sabemos, y con él viene un afecto por Dios que se entrona por encima de todos los demás. Thomas Chalmers lo expresó excelentemente al escribir: «Ya hemos afirmado lo imposible que sería para el corazón echar fuera al mundo mediante una elasticidad propia, y de esa manera, reducirse a un desierto. Esta no es la constitución del corazón; y la única forma de despojarlo de un viejo afecto es mediante el poder de uno nuevo que lo expulsa».[4] Nuestro amor por el pecado está arraigado en nuestra incredulidad respecto

---

[4] Thomas Chalmers, *The Expulsive Power of a New Affection* (Wheaton, IL: Crossway, 2020).

a Dios y nuestros afectos débiles hacia Él. Con débiles hago referencia a C. S. Lewis, cuando dijo: «parecería que nuestro Señor encuentra nuestros deseos no demasiado fuertes, sino demasiado débiles. Somos criaturas asustadizas que pierden el tiempo con la bebida, el sexo y la ambición cuando se nos está ofreciendo una alegría infinita».[5] Cuando se cree que Dios es pan, Salvador, Sustentador, Proveedor, Consolador, Señor, Rey y todo lo demás que ha revelado ser, el corazón dirá: «No hay nada en la tierra que desee más que a ti». Porque ha encontrado a la persona que tiene todo lo que el corazón necesita. Desear a Dios por encima de todas las cosas es el suelo en el cual crece la santidad. Ya nos fue dado el poder de huir del pecado a través del Espíritu, y cuando creamos que Dios es infinitamente mejor que todo aquello por lo que nos vemos tentados a dejarlo, *querremos y decidiremos* matar lo que es terrenal en nosotros.

Contemplar la gloria de Dios en Su Palabra y creer todo lo que te muestra te transforma «en la misma imagen». Este lenguaje de reflejar la imagen de Dios empezó en Génesis cuando la Deidad proclamó: «Hagamos al ser humano a nuestra imagen y semejanza» (Gén. 1:26). Esta temática también está presente a través de las epístolas,

---

[5] C. S. Lewis, *El peso de la gloria* (Nashville, TN: HarperCollins español, 2016, edición para Kindle).

en relación a parecerse a Cristo, a ser tan santo como Él. Romanos 8:29 declara: «Porque a los que Dios conoció de antemano, también los predestinó a ser *transformados según la imagen de su Hijo...*» (énfasis añadido). La «vieja naturaleza», como la llama Pablo en Colosenses 3, se refiere a la persona y las conductas que la caracterizaban antes de que el Espíritu la hiciera nueva. Antes de nuestra regeneración, éramos tan malos como larga es la noche, pero al recibir vida, se nos manda (y milagrosamente se nos da el poder de hacerlo) a despojarnos de la antigua manera de vivir. En cambio, nos vestimos de «la nueva naturaleza, que se va renovando en conocimiento *a imagen de su creador*» (Col. 3:10, énfasis añadido). Contemplar a Cristo nos motiva a la santidad al observar la pureza moral y la belleza trascendente de Jesús, pero a través de esta visión, también se nos enseña la manera de Jesús.

> No fue esta la enseñanza que ustedes recibieron acerca de Cristo, si de veras se les habló y enseñó de Jesús según la verdad que está en él. Con respecto a la vida que antes llevaban, se les enseñó que debían quitarse el ropaje de la vieja naturaleza, la cual está corrompida por los deseos engañosos; ser renovados en la

actitud de su mente; y ponerse el ropaje de
la nueva naturaleza, *creada a imagen de Dios,
en verdadera justicia y santidad.* (Ef. 4:20-24,
énfasis añadido)

Esperaría que, a esta altura, sepamos cómo es Dios.
Si todavía no lo sabemos, el mundo y la carne nos darán
maneras deficientes de reflejarlo, convenciéndonos de que
podemos parecernos a Dios y a Satanás al mismo tiempo.
La mundanalidad no es nada menos que los malos deseos
del cuerpo, la codicia de los ojos y la arrogancia de la vida
(1 Jn. 2:16); como este es el pulso mismo del contexto al
cual llamamos hogar, nunca debemos seguir el ejemplo de
algo muerto respecto a cómo vivir. Si no estamos seguros
de cuál es «la verdad» según se dice y se revela en Cristo,
es inevitable que el mundo nos vuelva a atraer. David Wells,
al explicar lo convincente que puede ser el mundo, declara:
«El mundo es ese sistema de valores cuya fuente es la
pecaminosidad humana y cuya expresión es cultural. Es esa
vida colectiva la que valida nuestro pecado personal. Todo
lo que hay en la sociedad es lo que hace que las actitudes
y las prácticas pecaminosas parezcan normales».[6] Pero el

---

[6] David Wells, *God the Evangelist: How the Holy Spirit Works to
Bring Men and Women to Faith* (Grand Rapids: Wm. B. Eerdmans
Publishing, 1987), 115.

pecado nunca será normal. Es y siempre será ofensivo para Dios. Si contemplamos al mundo y sus caminos más que a Cristo, no nos sorprendamos cuando nos parezcamos más al mundo que a Jesús.

Al mirar a Cristo, sabemos cómo es Dios. Quién y cómo es: este es el objetivo final de nuestra «transformación». Recuerda a Dios, bueno en todo sentido. Separado de todo lo demás, en una clase exclusiva para Él, entronado en lo alto, se sienta donde los ángeles cantan Sus alabanzas. Recordemos y pensemos una vez más en Su santidad: Es completamente libre para ser lo que es, y jamás podría ser algo que no es. Nada en el cielo ni la tierra controla al Dios soberano. Esta libertad se expresa al crearnos, en amor. Dios no creó porque algo ajeno a Él le dijera o lo convenciera de hacerlo. No hizo el mundo por necesidad, como si Dios dependiera de lo que creó para ser pleno. No. Creó el mundo y todo lo que hay en él porque le agradó dar vida a criaturas que compartirían el amor que siempre ha tenido por Su Hijo a través del vínculo de amor del Espíritu. «Padre, quiero que los que me has dado estén conmigo donde yo estoy. Que vean mi gloria, la gloria que me has dado porque *me amaste desde antes de la creación del mundo*» (Juan 17:24, énfasis añadido). Y «yo les he dado a conocer quién eres, y seguiré haciéndolo, *para que el amor con que me has amado esté en ellos*, y yo mismo esté en ellos» (Juan 17:26, énfasis añadido). Dios es así de abnegado, para que podamos conocerlo. El amor de Dios por nosotros en Cristo, según fue derramado por el Espíritu (Rom. 5:5), nos ha traído a la comunión con Él y con el Hijo; desde allí, hemos llegado a contemplar la belleza de Su santidad, y al contemplarla, nos volvemos tan hermosos como Él.

Al mirar a Cristo, nosotros también estamos separados del mundo y de las cosas en las que se deleita. Le pertenecemos a Dios, le entregamos nuestros cuerpos como sacrificio vivo, nuestras bocas como Sus embajadores y nuestros pies para llevar Sus buenas nuevas. Al creer que Dios es el pan de vida que nos satisface plenamente, Él nos llena y nos libera de la esclavitud a todo y a todos. Estar satisfechos en Dios nos hace completamente «independientes de nuestro entorno», porque ya no necesitamos personas o circunstancias que nos hagan felices o plenos.[7]

---

[7] Cuando hablo de ser independiente del entorno, no me refiero a que no necesitemos de cuestiones externas como comida o agua o la comunidad de la fe; más bien, me baso en R. A. Torrey, en su libro *The Person and Work of the Holy Spirit* [La persona y la obra del Espíritu Santo] (2013). En la página 56, al explorar la llenura del Espíritu Santo, Torrey dice que una vez que la persona recibe al Espíritu, Él nos llena de una fuente de agua que brota para siempre, «satisfaciéndonos desde adentro», sin importar cuáles sean las circunstancias, en «salud o enfermedad, prosperidad o adversidad». Por lo tanto, somos

Como «personas que son libres», somos liberados para amar con la misma generosidad que Dios ama, no pagando mal por mal, sino ofreciendo la otra mejilla, mientras buscamos la pureza moral con todo lo que tenemos. Vestidos con la frescura de Cristo, hacemos «morir todo lo que es propio de la naturaleza terrenal: inmoralidad sexual, impureza, bajas pasiones, malos deseos y avaricia, la cual es idolatría» (Col. 3:5). Y nos ponemos, como escogidos de Dios, «santos y amados [...] afecto entrañable y [...] bondad, humildad, amabilidad y paciencia, de modo que [nos toleremos] unos a otros» (Col. 3:12-13a). Este amor lleno del poder del cielo hacia Dios y nuestro prójimo puode sembrar discordia entre nosotros y el mundo que nos rodea, pero aun así, nuestra paz será como la de Dios: establecida y segura. Es el mundo que Cristo venció, y mediante Cristo, nosotros también lo venceremos. Sobre los santos, Él dice: «Al que salga vencedor le daré el derecho de sentarse conmigo en mi trono, como también yo vencí y me senté con mi Padre en su trono» (Apoc. 3:21). Y allí, por fin, después de que hayamos exhalado nuestro último aliento, veremos por qué nuestra muerte es

---

«independientes de nuestro entorno», ya no lo necesitamos para ser felices. En otras palabras, el Espíritu de Dios nos satisface a tal punto que no dependemos más de nuestras circunstancias para hallar plenitud.

ganancia. Al abrir aquellos ojos que estaban ciegos y ahora ven, Él aparecerá por fin, y ¿sabes qué sucederá a continuación? «Sabemos [...] que cuando Cristo venga *seremos semejantes a él, porque lo veremos tal como él es*» (1 Juan 3:2, énfasis añadido).

Al contemplar, nos transformamos; santos.